Liberal Arts' Challenge to the University System

アメリカの教育制度に学ぶ

大学入試・授業のリベラルアーツ革命

「学ぶ力」の引き出し方

松井範惇

Matsui Noriatsu

はじめに

日本の教育界はさまざまな問題を抱えたまま走っています。特に高等教育（大学）では、あらゆる大学が経営を優先する教育サービス産業となっています。学生も、親も、文部科学省も、そして初等教育（小学校）・中等教育（中学校・高等学校）の関係者もそれを当たり前のこととして受け入れているように思えます。

サービス産業であれば、儲けを追求し、利潤の最大化を図るため、資金は最大限効率よく獲得し、運用しなければならないでしょう。費用は可能な限り抑えて、削減の努力は結果を生み出さなければならないというのが原則です。教育という分野でも、この経済法則は厳密に守らなければならないのでしょう。しかし、学生への、子どもたちへの二〇年、三〇年後の影響を無視して良いのでしょうか。

学生時代は、自由に考えて、自ら選択し、自分の得意な分野を見つけ、本当に好きな、楽しめることを発見し、「学び」の時間を最大限工夫する、そういう「人生の時間の一部」なのです。四年間の学びの後、結果として職を見つける、仕事を創造する、生きる工夫をするのが、大学での時間の意義でしょう。

筆者はかつて二〇年間、アメリカの四つの大学で教鞭《きょうべん》をとってきました。そのうち三つの大学は、リベラル・アーツ&サイエンス教育を重んじる質の高い小さな大学でした。そのどれも、日本ではあまり知られていませんが、全米ではよく知られた（つまり、全米から優秀な高校生が集まってくる）ところでした。教員たちは研究に成果を求められる上に、教育にも熱心で、授業以外にも人間教育のためのいろいろな仕組みを持つ大学でした。「大学とは知的コミュニティ」という考えの下に、その形成と維持に全員が参加する場、という意識の共有がありました。自分のオフィス・アワー（教員が研究室にいて学生からの質問・相談に応じる時間）も、全学の委員会や教員会議の前のティータイムも、「知的コミュニティ」の一部であるという意識を皆が理解していました。そういう意識を共有している共同体の一員として、その中に自分がいるという感覚は心地よいものでした。

生き残りのため、私は必死でアメリカの大学の仕組みを理解し、先輩教員の手助けを請い、シラバスの作り方など学科長から細かく教えをもらい、厳密な教育・授業の評価を受けたりしました。政治学の教授と二人で一つの科目を教えたこともあります。とても厳しい時間でしたが、楽しく、その同僚教員から学んだことがたくさんあります。同じ委員会の教授の

「homeworkをやってくる人を尊敬する」という言葉を聞いたとき、当たり前ではないかという思いと同時に、ドキリとさせられたことがありました。

教員会議でも、冷や汗をかきながら立ち上がって発言できるようになったときは、あとで嬉しさに震えたことを覚えています。年間三学期制のターム・システムから二学期のセメスター制への移行が提案されたときは、まる二年間の教員会議と小委員会の議論を経てようやく実施となりました。移行に伴うメリットとデメリットについて多面的に、公開の場で誰もが議論に加わったのです。最後に、移行がようやく決定したときは、参加したすべての教員は、感慨深い思いを味わったに違いありません。

日本に戻ってきて、教授会で発言したとき、「松井先生は日本のことを知らない」とボソボソ近所から漏れてきたことが何回もありました。「一〇年先（の実施）には、いいアイデアだけれど、（今は）もっと議論しなければ」と言われ、「今回は時間がないので来年度に再検討」と先延ばしになったこともたびたびでした。仕組みとしての組織的な問題は、一面だけを変えることは難しく、結局、誰も何も変革せず、手をつけることもできない、しないという事態、結末が多かったわけです。

本書で示したいことの一つは、仕組みとして、アメリカの大学には学生の教育に対する改善のインセンティブ（目標を達成するための動機づけ）があり、それらが機能しているということです。日本の大学には、名前としては仕組みが存在しますが、学生も教員もインセンティブがないため、機能していないのです。

日本の教育界、大学の世界で変えられることは、一般的に考えられているよりもっとたくさんあります。本書はそれらについて、筆者の考えと考察をまとめたものです。組織や仕組みは人間が作ったものですから、その気になれば、つまり意識が変われば、インセンティブがあれば、すぐさま変えることができると信じています。

私の経験から、アメリカでの例や実態を述べていますが、私自身、アメリカの教育制度を理想化しているわけではなく、そのまま日本に持ってくることを推奨しているわけでもありません。異なった考え方で、異なった仕組みを導入する、そのためのアイデアの基になれば良いなという思いから本書をまとめました。単に、用語だけを導入するのではなく、実質的な採用、仕組みの適用を考えるためには、外国および日本の考え方と実情をしっかりと理解することが重要です。日本の現状に合った、ふさわしいシステムを設計しなければ機能しません。

機能するシステムの設計のための一助として、本書が新しい視点を提供することに役立つならば嬉しく思います。

大学入試・授業のリベラルアーツ革命　目次

第1章 可能力を育てるリベラルアーツ

第2章 日本の教育の諸問題

第3章 アメリカの教育制度に学ぶ

第5章 大学の変革が日本経済を再強化する

装幀　本澤博子
カバー写真　Joseph Sohm/Shutterstock.com
本文図版　桜井勝志

序章

「可能力」：一人ひとりの生きる力

1 「学力」から「可能力」へ

生の豊かさとは選択肢をたくさん持つこと

本書は、ハーバード大学のインド人経済学者・哲学者アマーティア・セン（Amartya Sen）の「可能力（ケイパビリティ）」という考え方を出発点に据えて、日本の大学、日本の教育界のこれからのために、建設的なアイデアを提示します。教育の改善が、日本経済の基盤を再構築するためのきっかけとなればと思います。

現在疑いもなく使われている「学力」という考えを、可能力という概念から見直します。学力という考え方にまつわる一面性に対し、多面性・多様性という拡張した観点を考慮に入れ、「自由」の概念を付け加えると「可能力アプローチ」にたどり着くことを議論します。

幸せとは何でしょうか。お金がたくさんあることでしょうか。モノをいっぱい持つことでしょうか。好きなモノを好きなだけ消費することでしょうか。家や土地、車、会社など、資産をたくさん蓄え、子孫に残すことでしょうか。それとも、欲望や煩悩に惑わされないようにして、ささやかな成功や喜びに大きな満足を得ることでしょうか。

伝統的な経済学は、幸せを「欲望充足（desire-needs fulfillment）」「効用（utility）」「満足感（satisfaction）」として捉え、所得、消費金額、消費数量などの数値で測れると考えて扱います。

センは、伝統的な経済学を、その方法論の狭さから徹底的に批判してきました。センは、幸せを考える上で、“well-being”を追求します。“well-being”とは、良く生きること、生活が豊かであること、暮らしぶりがうまくいっていることであり、本書では「生の豊かさ」と表記します。人々が自由に、自分のしたいことができ、なりたいものになれ、行きたいところに行ける。子どもには日々十分な食事と、将来のための教育を与えることができる。恥じることなく外を歩ける。自分の関わるコミュニティで議論に加わってその決定に参加できる。そして、他人の生の豊かさにも貢献し、そういった活動から自尊心を得る。そのような状態と、それらを達成できる「可能性」に、センは最大の価値を与えるのです。

これらの価値は、所得や消費金額や消費数量だけでは表されないし、測れないでしょう。伝統的な経済学のように、幸せを欲望充足、効用、満足感だけで捉えるのでは不十分なのです。それは経済学を学ばなくてもわかります。

センによると、生の豊かさとは、人が生きていく上で、現実的に選択できる選択肢が十分にあることです。センは、各個人が持っている選択肢の全体を「ケイパビリティ(capability)」と呼びます。ケイパビリティとは、自分で選んで達成できるさまざまな生命活動(functioning)の選択肢の集合であり、選択できる能力です。選択肢を増やす能力も含まれるでしょう。ケイパビリティは、個人が価値を置くさまざまな生命活動を「可能にする力」そのものです。そのため、私は「ケイパビリティ」を日本語では「可能力」と呼ぶことを提唱しています。

生の豊かさはケイパビリティによって評価されるという考えを、センは「ケイパビリティ・アプローチ」と呼びます。言い換えれば、ある人の生活(生きていること)を評価する際には、その人が価値を置く生命活動を実際に達成できる能力や環境があるかどうかが何より大事である、という考え方です。ケイパビリティは、ある個人の「実質的な自由、ポジティブな自由」の指標として、その人が達成可能な生きざま(life-path)の集合として使われています。センはケイパビリティの欠如、剥奪こそが貧困をもたらすのであり、貧困そのもの(ケイパビリティ貧困)であると言います。

人が生きていく上での「在ること・すること(beings & doings)」とは、たとえば、工務店経営者として仕事をし、家では父として子どものオムツを替えたり、本を読んでやったり、寝かしつけたりすることです。あるいは、警察官として働き、家では母として乳児に授乳することでもあります。また、高齢の母親の面倒を見ながら弁護士活動をし、土日にはＮＰＯでお手伝いをする人もいるでしょう。平日は会社に勤めながら、月に二回の趣味のグループのお世話をしているなど、さまざまな人のありよう、生き方を指します。これらを達成するための力がケイパビリティです。人の生の豊かさ、生活の良さと直接に関わる、価値ある生命活動そのものを発揮させる力です。

ケイパビリティとは「可能力」

注意すべきなのは、ケイパビリティという能力を説明する際、potential, potentiality, ability という単語をセンは使っていないということです。

センのケイパビリティは日本語で「潜在能力」と訳されることがありますが、ケイパビリティと潜在能力という言葉の間には大きな違いがあります。四点から指摘しておきましょう。

第一に、潜在能力は、ある個人が持っているかどうかは不明で、仮に持っていたとしてもそれが顕在化するかどうかはわからない能力です。潜在能力は見つけられ、育てられ、開花し、実ったとき、その人に「あった」と考えられます。一方、ケイパビリティは、すべての個人が人として本来備え持っている力・能力で、人が生を生きる上で有用であり、生を享受する力です。

第二に、潜在能力は、人々の間で同じか異なるのか、それはわからないし、問題にしません。ケイパビリティは、違っていてもおかしくないと考えます。潜在能力が発揮された結果、ピアノの国際コンクールで優勝した人と、バレエで入賞した人と、建築の有名な賞を獲得した人と、芥川賞に選ばれた人との間に関連はあるのでしょうか。当人の努力と幸運と周りの人々の支援、そして何より本人の「能力」の賜物《たまもの》でしょう。一方、ケイパビリティは、人々のさまざまな状況の中で、その生を享受するために必要とされるものです。社会の仕組みや、所得、財やサービスの量や質に応じて異なっていても何ら不思議ではないでしょう。

第三に、潜在能力が身体的、物理的、知的、芸術的などの才能・能力として現れるのに対して、ケイパビリティは人々の生の基本的側面、生きる力そのものに注目します。世界選手権大会やオリンピック選手の記録や出場回数、絵画展やコンクールでの受賞の回数、勲章の種類や位階、その数が問題なのではありません。それらはむしろ副次的なものであり、結果でしかないわけです。最近の大学や教員の評価で強調される、認証評価やノーベル賞など各種受賞の種類や回数を重視する態度などとは根本的に異なります。ケイパビリティはそれらを含みますが、概念的にはもっと広く、人間にとってのより大きなもの、根本的なものを指しています。問題にしているのは生の特定の側面だけではないのです。「生きていること」そのものを見つめようとしているのです。

第四に、潜在能力には静態的、中立的、部分的意味合いがあるのに対し、ケイパビリティはきわめて積極的で動的、前向きなものです。個人としての一人の人を、人間として総体的に捉えようという意図を含みます。ケイパビリティは、人々が、経済的（給料、親の所得、出身階層など）、政治的（法や制度、警察、司法など）、および社会的（歴史、宗教、文化、教育など）に与えられた条件の下で、それぞれの個人が、誰もがそもそも兼ね備えている生きる力の全体を指します。

以上より、ケイパビリティを潜在能力と訳すことは不適切です。先ほど触れたように、センの考えをより的確に表す日本語として、ケイパビリティを可能力と訳すことが適切であると私は考えます。本書では、以降、ケイパビリティを可能力と表記します。

可能力が自由を拡大する

センは「開発（development)」という言葉をよく使います。しかし、センの言う「開発」

は、決して狭い意味での「経済開発」と同義ではありません。センの「開発」は、経済開発をその一部分として含みますが、より広い概念です。

センの「開発」は、「自由の拡大」であり、選択肢の範囲の拡張のことです。貧困、不平等、飢餓・飢饉のない社会に向かうプロセス。あるいは、不平等が拡大しそうになったときや、飢餓や飢饉が起きそうになったとき、迅速に、有効な対策が講じられる社会に向かうプロセス。人間の一人ひとりが、やりたいことができ、なりたい人になれる社会へと向かうプロセスのことです。所得や財・サービスの数量といった手段で見るのではありません。効用や満足などの結果だけで見るのでもありません。

人は与えられた状況の中で最大限の力を使い、さまざまな生命活動を楽しみます。人がもともと持っている可能力を自由に発揮している社会では、選択肢がより多くなり、現実的に自由に選べるようになります。そういうプロセスを、センは「開発」と言うのです。つまり、可能力を中心とする、「人間開発」と呼ぶべきものです。

センは、「開発とは、人々の選択肢を拡大するプロセスである。人々の選択肢の拡大は、人間の可能力と生命活動を拡張することによって達成される。開発のすべてのレベルにおいて、人間開発のための三つの基礎的可能力とは、

①長く健康な生を生きること
②知識があること
③きちんとした生活水準の達成のために必要な資源へのアクセスがあること

である」（番号付けは筆者）と言っています。可能力とは、何かを得るための手段（道具）ではなく、満足感といった何かの結果でもなく、所得や消費金額などの変数でもなく、①〜③こそが目指すものです。

これによると、人間開発は可能力で測ることができます。人間開発とは、可能力を拡大し、人々がより多く、より良い生命活動を実現する自由を人々に与えるプロセスのことであると言えるでしょう。

本書は、日本の学校という仕組みの中にいる人々（小学生、中学生、高校生、とりわけ大学生）の、人間の総体的な能力（学ぶ力・生きる力・人間力）、すなわち可能力を、教育の根本的な改革によって、発見し、拡大・開花させ、促進することが、日本経済に底力をつけ、日本社会に生き生きとした活気を与えることになると示すものです。

第1章

可能力を育てるリベラルアーツ

1 リベラルアーツとは何か

リベラルアーツへの誤解

第二次世界大戦後、日本の大学制度が作り直されたとき、新制大学（現在の一般的な大学）に「教養教育」と「専門教育」が導入されました。これは明らかにアメリカのリベラルアーツの仕組みを取り入れたものです。それまでの日本では、教養教育は旧制高校が担っていて、大学はもっぱら専門教育をしていたのです。新制大学は、旧制高校、旧専門学校、旧制大学をすべて含むものとして出発しました。したがって、新制大学のほとんどは、教養教育を行う教養部と専門教育を行う各学部から構成されることになりました。

教養部では、最初の二年の間、一般教養や各学部の入門的な内容が教えられました。これらの科目は、一般教養科目、教養科目、共通教育科目などと呼ばれました。三年生になって各学部に進むと、専門科目が提供されたのです。こうした歴史的経緯から、日本では、教養部は入門的な低い部門で、各学部は一段高い部門であるという認識が強くありました。

教養教育の位置付けは、専門教育への前座的な低いものでしかなかったので、独自の意義も、人間教育における意味も大して問題にされませんでした。学生にとっては、高校までに習ったことの繰り返しとしか思えず、制度上単位を取らなければならないから受講しているにすぎません。専門科目の教員にとっては、早く専門科目を教えたいのに、迂回してくる無駄な時間を学生に強要しているにすぎません。教養科目のみを担当する教員は、学生、教員、職員の間で低く見られていました。

「大学は、卒業して社会に出たとき、直接役に立つ技能や能力、専門知識などを与えるのが役割」「それらを身につけるために専門科目を学ぶ」と誰もが当たり前のように考え、学生も、親も、教員も、それらを早く身につけることが大事だと思っています。学生から「パンキョウ」などと呼ばれる一般教養の講義などは、「必要悪」「時間の無駄でしかない」と多くの人が思っていました。ですから、一九九〇年代以降、日本中の大学で、教養部が次々と廃止されていったのもうなずけることでしょう。二〇〇〇年代に日本の大学から教養部が消滅したとき、多くの関係者は、「これでスッキリした」と考えたに違いありません。

教養教育は、新制大学の創設時、意義や意味を理解されないままアメリカの教育制度からリベラルアーツが取り入れられ、結局、日本の高等教育の中では根付かなかったことを示しています。

専門教育とは相反しない

リベラル・アーツ&サイエンス教育（以降、リベラルアーツ）とは、専門を学ばないことではなく、一つまたは二つの高度な専門分野における教育を深く行うことを意味します。同時に、直接には特定の職業とはつながらないかもしれませんが、ヒューマニティ（人間学）や歴史を学び、文学や古典を読み、生物学や地球、天体など自然についても学び、社会や政治、経済と現代世界の問題や諸課題について広く議論し問題意識を磨くのです。

狭い専門教育だけを深く行うのではなく、学ぶ本人が自分を発見し、将来どのような職、どの分野に特化しようとも、幅広い見方から意義付けができ、その分野、職種で成功できるための基礎を与えるのが、リベラルアーツです。

その基本的教育の根幹は、

①「何」を学ぶかではなく、「いかに」学ぶか。
②「なぜ」を問うことにより、問題の本質に迫ろうとする。

③現代の社会が直面する問題を考え、古代・中世・近世にもあった人間社会の問題との共通点と違いを理解する。
④「学び方」と「学ぶ意欲」を学ぶ。
⑤問題発見能力を養う。

にあるのです。決して、専門的・職業的な、当面の問題解決だけに役立つ教育ではないのです。

たとえば、私が教えていたアメリカのアーラム大学では、すべての一年生を対象に、ヒューマニティと呼ばれる授業が毎日開かれます。教員一人に対して学生二〇人のその授業では、プラトンを読み、『源氏物語』の英訳を使って議論し、「英語俳句」を作らせ、最近のノーベル賞作家の作品や平和賞受賞者の講演などを材料に授業を進めていきます。担当教員は、毎週金曜日に小論文を提出させ、週末に読んでコメントをつけ、改善点を指摘し、成績をつけて月曜日に返却します。返却の後、全体の講評をし、再び学生同士でのディスカッションをさせるのです。

これはアーラム大学だけの特異なやり方ではありません。ほかの多くのリベラルアーツの大学も、それぞれ特徴を持ち、リベラルアーツを工夫する仕組みを作っています。

リベラルアーツを取り入れている多くのアメリカの大学では、ライティング・センターのようなものを設けて、学部生の論文やターム・ペーパー（期末レポート）の添削など、書き方の指導を上級学生や英語教師が行っています。文章の読解力だけでなく、頭の整理やコミュニケーションには、書く訓練が必須です。

こうして、全人格教育、人間教育の四年間で、高度専門職業人を育成し、なおかつ幅広い教養人を作る。文学、哲学をよく知り、たとえば、映画の背景（制作者が参照したと思われる作品や思想）を読み解くことができる教養人を目指すのです。

特化した分野は持ちますが、縛られない自由人であり、どのような職業に就いたとしても、ベースとしての心の寛大さ（open-mindedness, generosity）を持つ。そういう人間を育てるのがリベラルアーツなのです。

リベラルアーツが目指す姿

ここでは、リベラルアーツが目指す姿を以下の五点にまとめましょう。

①技術論（テクニーク）ではなく、理念

授業の形態、クラスの規模、レベル、使う道具の種類などに左右される教育技術ではなく、あらゆる授業で採用され得る基本的な教育理念です。

②部分ではなく、全体

入試、授業、卒業要件、学内外・課外活動のすべて、つまり全体です。「人間理解」を基本とし、専門分野、学生の専攻、学部・学科、学年などに依存しません。文系・理系にかかわらず、学生の学ぶ態度、意欲を見るのです。学生は「学びの態度」を学ぶのです。

③学生の自発性、疑問を引き出し、考えさせる

答えを覚えさせることではありません。「なぜ」を考え、良い質問を考えさせること。世の中には答えのない問題のほうがはるかに多いことを学ばせます。学生がほかの学生から学ぶ、古典から学ぶ、外国語を学ぶ意義も、多様な考えがあると知ることにあります。

教員と学生が、質問と、反応と、議論とで、物事の本質に肉薄する。そういう経験をした学生は、もっと学びたくならないわけがないでしょう。将来、自分の得意とする分野、専門の領域でそれを自在に発揮すれば良いのです。

④学生一人ひとりの人格を知る

個々の学生の興味を引き出し、育てること。これが重要であり、大学の授業でも十分に可能です。多様性、寛容性（tolerance）が大事であることを学ばせます。そのためには教員が多様な意見を尊重しなければなりません。そういう授業を徹底することが必須です。

学生のどんな質問も、どんな答えも意味があり、賛成も反対もあります。押さえ付けてはいけないのです。「教え込み」ではないからです。

⑤大学全体が理解し、組織的に取り組む

教員全員が理解し、皆で取り組む。学生同士でのお互いの学びが重要であることを認識する、させるのです。自由な雰囲気の中で、変な意見、変わった考えも真面目に討論の対象とし、真剣な議論をします。

大学が、組織的にリベラルアーツに取り組んでいるという自覚と、そのための仕組みとなっていることが重要です。

最後に、以上の五つをすべて総合して、リベラルアーツの大学とは、「知の冒険」をする

人々の集まりで、「教えと学び（teaching & learning）」を中心とする学びの共同体、つまり、「知の共同体（intellectual community）」を促進し、参加し、維持するところです。

学びの広さが深さにつながる

リベラルアーツが強調するのは、学びの「広さ（breadth）」と「深さ（depth）」です。

「広さ」とは、人文学、社会科学、自然科学など、幅広い分野でしっかりと論理的に論ずることができる準備のことを指します。

「深さ」とは、自分が専門とする分野では、基礎的レベル以上の理論的発展にも通じており、最新の分析結果や業績を咀嚼《そしゃく》した上で、何が問題なのか、なぜ重要なのかを理解し、論じることができることを意味します。

できるだけ広く遠くを見て、さまざまな形の知を組み合わせ、共通する構造を見つけたり、相違を浮かび上がらせたりする。自分の得意とする分野では、徹底的に深掘りし、人と共有、協働ができる。リベラルアーツで訓練を受けた人は、身についたこれら二つが自然に発揮されるのです。

世の中を動かすのは、知的好奇心です。特に、リーダー（課長や部長という役職の人とは限らない）の知的好奇心は、チームの雰囲気を盛り上げ、メンバーの意欲をかき立てます。リベラルアーツは、好奇心と探究心を大事にすることで、さまざまなものに自然と興味が湧いてきて、調べたくなる、もっと知りたくなる、そういう人間を育てるのが、目標なのです。

2　現代における大学の役割

学ぶ楽しさを実感させ、「学ぶ力」を引き出す

大学は、就職や資格取得のためだけに存在するのではありません。

大学進学率が六〇%以上になった今の日本は、大学を卒業したからといって、少なくとも学部レベルでは、有能であるとか高い技能を保証するとか確実に職があるなどとは全く関係のない社会になりつつあります。

では一体、大学とはどういう役割を果たすところなのでしょうか。現在の日本で、大学の役割に関する社会的な合意、認識の再確認が必要でしょう。

就職、資格、成績などは、本来は結果でしかないのに、目的であると勘違いしている大学関係者、高校生、親、教師がいます。日本の教育制度がそういう仕組みとなっているために、歪《ゆが》みが生じているのだと思います。

「自分は知識がないから議論できません」と言う学生を多く目にしてきました。しかし、学校教育の目的は、知識を授けることではありません。学生が学びを楽しむこと、知的空腹感を満たす満足感を味わうことでなければならないと思っています。もっと知りたいと思うようになり、そのプロセスで知識は自然と頭に入ってきて身につくことから、学びの楽しみを知る。これこそが教育の面白さ、楽しさ、醍醐味なのです。つまり、教育の目的とは、学生に学ぶ楽しさを実感させ、「学ぶ力」を引き出すことだと言えます。テストの点数とは関係ありません。学校のランキングとも無関係でしょう。教師の側も、学生が学びから達成感を得るのをサポートし、促進することで、共に学びを楽しみ、満足感を得られる。そのような、現代に合った新しい教育をするための工夫を考えてみたいと思うのです。

学ぶ楽しさは幅広く学ぶことで見つかる

大学入学時に学部・学科を決めなければならないことが、学生から学ぶ楽しさを知る機会を奪ってしまっています。十七〜十八歳で一生の専門を決めてしまうのは早すぎるのです。詳しくは第4章で述べますが、学部・学科を特定しないシステムを作って学生を大学に入学させたらどうか、というのが私の考えです。

高校に入った途端に、大きく理系か文系かが問われますが、社会は今や、そんな区別などほぼ役に立たなくなりつつあります。大学入試がそうなっているからという理由だけで、高校の授業の体制が作られています。大学入学の前、受験のときには、文学部、社会学部、商学部、心理学科、経済学科、経営学科など、学部・学科を選んでいなくてはなりません。「理系だったら入りやすいところならどこでも良い」「テストの点数が高いから医学部へ行く」などというのは本末転倒です。学部・学科の選択を高校生にさせるのはどだい無理なのです。

学部・学科の選択が、一生の職業選択と密接に関わっている人もいれば、ほとんど無関係の人もいるでしょう。大学入学以前に決めなければならないことに必然性はありません。しかも、大学入学後に勉強してみてから、ほかの学部の授業を履修したり、他学部に転学、他大学に編入学したりしようとしても、きわめて難しいのです。学生にとっては動きにくく、流動性に乏しい仕組みになっています。大学側では、「そのようなことは十分可能なようになっていますす」と言います。しかし、実質的に学生は移動していないのですから、その仕組みは機能していないと言わざるを得ません。

十代の最後の二〜三年と、二十代の初めの二〜三年という、人生の中で自由な時間のある四年間で、さまざまな勉強をし、しっかりと自分を見つめることはきわめて重要です。そのためには、大学がリベラルアーツの教育制度を整えている必要があります。その貴重な四年間を、ほとんどアルバイトに費やしてしまうのはもったいないと思います。

俳優のポール・ニューマンが卒業した、アメリカ、オハイオ州のケニヨン大学には、彼が寄付して造られた素晴らしい劇場があります。演劇を主専攻（メジャー）とし、舞台設定や脚本作りなどを学ぶ学生もいます。質素な人生をモットーとするクエーカー派、クリスチャンの学校である、インディアナ州のアーラム大学にも、立派な劇場で演劇関連の授業や芸術科目を履修し、舞台芸術の技を習得して学位を取る学生もいます。西洋芸術史を勉強し、フォトグラフィー科目でヨーロッパを旅し、文系、理系、ＩＴ系などを問わず、多様な科目を履修する学生を見てきました。自分の本当に好きな分野を探究し、面白いと思う仕事を発見することが、その年代の四年間ではないでしょうか。

数学と経営学を専攻したダブルメジャー（主専攻を二つ持つこと）の学生や、化学と経済学を専攻し、卒業後、開発経済学で大学院（ユタ大学）に進み、大学院の修了後は連邦政府に勤めた学生を個人的に知っています。政治学、経済学、国際関係論と行政学を中心に、自分で専攻を組み立てた学生の例もあります。アドバイザー教員との密な相談と連絡の下、主専攻と副専攻を決めたり、追加したり、変更したりしながら、みっちりと学ぶには、四年間は短いかもしれません。

「リベラルアーツの四年間は、あっという間に過ぎてしまった」と言う学生もいました。卒業時に燃え尽き症候群に陥る者も多くいる反面、「幅広すぎて何も焦点が定まらず終わってしまった」と言う学生も何人も知っています。卒業時にさまざまな学生の感想を聞くことができるのです。皆、「授業がとても大変だった」と言いますが、さまざまな行事・催し物と同時に授業中心であった四年間の学生生活を懐かしむ者が多いのは印象的です。

優れた人材を世界に送り出す

物理的な資源に乏しい日本は、私の考えでは、水と人間（人材）だけが残りの資源です。世界中で水資源に対するさまざまな戦いが行われています。きれいで豊かな水資源を持つ日本で、その質と量を維持するための努力は十分でしょうか。そして、人材の質と量はどうでしょうか？　日本の人口は減少しています。その上、人材の質を上げるための仕組み、つまり、学校を中心とする教育体制も、大きく失敗し続けているように見えます。日本が持つ資源が二つともこのような状態では、日本の五〇年後、一〇〇年後は安心していられません。大学が大胆な改革を実行できれば、優れた人材を作り出すことができるのです。

最近、日本から外国へ出ていく留学生がかなり少なくなっています。なぜこれほど減っているのか、さまざまな分析がなされ、いろいろな要因が指摘されていますが、おそらく、日本国内が安全で、ほとんどの場合、何をしても死ぬ危険性など考えられず、生活にはそれほど困らないからでしょう。アルバイトや派遣社員などでも生きていけるということ、日本の社会の平均的な生活レベルが、諸外国のそれと比べて十分高いものになったということが指摘されています。その通りでしょう。

学生の目を世界に向けようとして、学部や学科名、科目名に「国際教養」とか「グローバル」と付けても、学生は踊ってくれません。「単位取得のために、早く、簡単に、少ない努力で終わりたい」としか考えていないのです。今の学生の目的は中身の修得にはないのですから、当然の行動であると思います。教員は書物から得た知識で講義して、定期試験をすれば義務は果たせるので、最低限の努力で済ませようとする。これも当然の行動でしょう。その結果、日本の大学生の目は完全に内向きになっている。これも当然の結果でしょう。それを、「今の若者は」などと憤慨してみても始まりません。大学の仕組みがこの状況を作り出したのですから。しかし、これらの論点の指摘はあまり見かけません。

最も必要なのは、人の意欲と能力でしょう。これらを若い世代の中から引き出し、発揮させる仕組みの構築が望まれているのです。それが、リベラルアーツの真骨頂です。

若者の目を世界に広げて、ゴム人形に息を吹き入れるようにちょっと鼓舞すれば、自分から意欲と能力を磨きたくなるでしょう。「そうだったんだ」という感覚を体験することです。そして、教育の仕組みがその体験を可能にすることが望まれるのです。

第2章

日本の教育の諸問題

1 「使える」英語ができない日本人

日本人が英語が苦手な理由

多くの日本人は、中学校、高校、大学の合計一〇年間英語を教えられています。しかし、国際的な舞台で実際に使い物になる英語を身につけている人は、最近は増えているものの、それほど多くはないと言われています。

「それでは、もっと早く小学校から教え始めたほうが身につくだろう」という考えから、小学生への英語教育の必修化が推進されています。「英語圏の諸国では、生まれたときから、つまり究極的に早い段階で、英語を教えられ、そして使えるようになっているではないか」というのが根拠のようです。これはあまりにも乱暴な議論です。

英語を使いこなせるかどうかは、教える期間や習い始める年齢とは関係ありません。日本人に小学校から英語を教え始めたほうが英語がより身につくという実証はないのです。

そもそも日本人が実際に役立つ国際的な英語を使えない理由として、次の三点を指摘しましょう。

①高校では大学入試に特化した「受験英語」が教えられてきたこと。
②大学でまともな言語としての英語教育がなされてこなかったこと。
③日本の文化は、周りから目立ったり、他人と違うことをしたり言ったりすることを抑える傾向にあること。

日本の教育と文化が、自分の意見を述べ、さまざまな観点から丁々発止と論を戦わすことをする人を育てていないのです。英語が喋れる人でさえ、実際の国際会議などではできるだけ話さないことが美徳と思い、黙っていることがあります。

英語を使えるようになるために本当に関係しているのは、たとえば、基本的な概念を母語を用いて理解できているか、相性の良い教師にめぐり会えたか、英語を習うことが面白い、楽しいと思った経験があるかなどの事柄です。

小学生には英語より日本語を教えるべき

人は言葉によって生きています。人間の可能力は、言語能力が基礎にあってこそ発揮されます。あらゆる分野で、思考能力、論理力、記憶力、理解力などを花開かせるためには、言葉の力を十分に育てておかなければなりません。言語能力は、子どもの頃の育て方に大きく依存すると言われています。

「小学生から英語を教えれば良い」というのは、母語の重要性を理解していない主張です。

六～十歳頃は、母語をしっかりと身につけなくてはならない脳の発達の時期です。つまり、小学生は、豊かな日本語による表現と、理解のための基礎を学ばなければならない大事な年齢期なのです。そして、数字や計算の基礎、計量の概念をしっかりと押さえておかねばいけない年齢期でもあります。

母語を身につけてこそ、自ら考える力、推論や論理の力、物を大切にする心、自然への関心と畏敬《いけい》の念、時間の概念、社会の仕組みに対する理解、他人との協働の仕方、人に対する同情・共感の心などを育むことができるのです。自分の意見を持って考えを説明する意思力と、相手の話を聴き取ろうとする意欲も生まれます。小学校で教えなければならないのは、このような、しっかりとした日本人としての基礎教育のはずです。

これらを犠牲にした英語教育にどれほどの意義があるというのでしょうか。習うべき漢字の数を制限して英語の綴りを教えていては本末転倒です。まして、音楽や体育を英語で教えても、何の役にも立ちません。

小学校で英語を必修教科として中途半端に教えれば、不明確な日本語しか使えず、意思疎通のできない日本人を育てることになります。

これまで、日本の高等教育（大学）が維持されてきたのは、質の高い初等教育（小学校）と中等教育（中学・高校）があったからです。大学が入学者の選抜でそれほど大きな間違いをせずスクリーニング（ふるい分け）ができたのは、特に初等教育が立派だったからです。日本の小学校で英語を教えることは、その質の高い初等教育を潰すことになります。中高生にはもちろんのこと、小学生にも、戦後の日本史や世界の現代史を考えさせることのほうがはるかに重要だと考えます。

国際理解と英語を習うことは無関係

教科としての「外国語活動」なるものは必要ないのです。「国際理解」と「英語を習うこと」とは、本来は何の関係もありません。日本の教育界では、「外国語」教育とは英語教育のことであって、誰も不思議に思いません。「外国語活動」という名の下に、英語だけの授業を中途半端に行い、結局は、わけのわからないカタカナ言葉を安易に広めて、かえって日本語を混乱させ、意思疎通を阻害しているのではないでしょうか。

英語を習わせることと、国際理解を深めさせることとは全く関係がありません。本当に国際理解に対する子どもの興味を呼び起こしたいのであれば、ほかにもっと良い方法がいくらでもあります。

たとえば、国際協力機構（ＪＩＣＡ）の海外青年協力隊の帰国隊員の話を、成功談も失敗談も聞かせたら良いでしょう。あるいは、国際ボランティア団体の方と一緒に仕事の現場を見せるのも良いでしょう。日本に滞在している、アジア、アフリカ、中東、ラテン・アメリカから来た人々との対話を試みるという方法もあります。日本に長く住んでいる外国人のもとへホームステイするなどして、心を開いてお付き合いすることも良いでしょう。長年外国に駐在した経験のある会社員、駐在員、外交官、大使館員、テレビや新聞など報道関係者の生身のお話を聞くこともできます。教室に来てもらって話してもらうと良いでしょう。海外青年の船や、洋上大学などの小学生版を作り、三～四年生を半年くらいさまざまな国に連れていくことなど、いくらでも考えられます。海外経験のない小学校の先生方に、これらの代わりに国際理解を深めさせよというのは筋違いだし、先生方には酷《こく》すぎます。

今挙げたいろいろな活動は、英語を習うこととは関係なくできることです。英語以外の外国語がたくさんあることを教えるのはとても教育的でしょうし、本当の国際理解につながると思います。

英語と同時に、アジアの言葉、たとえば中国語、ハングル、インドネシア語、マレー語、タイ語、ベトナム語、タガログ語、ベンガル語、ウルドゥ語、ヒンディー語やシンハラ語などを教えても良いはずです。北アメリカ大陸の先住民族の諸言語、スワヒリ語やスペイン語とその変種などが世界中でさまざまあることを児童に認識させることのほうが、はるかに日本の将来の国際化に役に立つのではないでしょうか。

私がかつて経済学を教えていたオハイオ州ケニヨン大学の同僚に、ドイツ系の名字を持つ白人で、スペイン語を教えている教員がいました。私は密かに、なぜドイツ語を教えないのだろうかと不思議に感じていました。思い切って聞いてみると、その方は、ドイツ系ユダヤ人の両親がナチスの迫害から生き延びるためにアルゼンチンに逃げて移住し、そこで生まれ育った方だったのです。その後、アメリカの大学でスペイン語教育の博士号を取って、アメリカで教えていらっしゃったのです。戦前から戦後にかけての、世界の複雑な歴史の生きた一部を、文字から学んだ知識だけでなく直接目の前にして、私は身の震えを感じました。

イギリスで出ている雑誌に載せた私の論文を校閲してくれたのは、イリノイ州の大学教授のバングラデシュ出身の方で、その雑誌の編集者はオーストラリアの大学に勤めるインド出身の教授でした。二人とも直接会ったことはありませんが、メールでテキパキと素晴らしい仕事をしてもらいました。

複雑な世界を理解し、多様な人々と渡り合って仕事を進めるために大事なことは、単に英語ができるということだけではありません。人との協調性、理解力、判断する力、説得する言葉の選び方、そして常に次の課題を見つけ適切に対処していく可能力こそが重要なのです。さらに、自分の考え、意見を持っていることが肝要です。

日本のすべての生徒が身につけなければならない一つの外国語というものは、本来はありません。日本はどこかの国の植民地ではありません。第二次世界大戦の敗戦後には連合国軍による占領の期間がありましたが、アジアでは植民地にされた経験のない数少ない国の一つです（もう一つはタイです。英国やほかの国に領土の一部を切り裂いて独立を保ったのです）。日本は、日本語という母語を持つ国です。日本中どこに行っても通じる共通語を持っています。

世界には、共通の母語を持たない国がたくさんあります。「共通語にしよう」「共通語を持とう」と必死で教育を行っていますが、歴史的経緯から、英語やスペイン語やフランス語を共通語にせざるを得ない国が多くあります。多数民族、強力な部族、権力を握った種族の言葉が強制されたり、国中が席巻されてしまったりしたために、外国語だったはずの言語を共通語として学校で教育することが必須となっているのです。

ケニアやフィリピン、インドなどを考えればすぐわかるでしょう。アフリカにも、英語、フランス語などを公用語としている国はたくさんあります。これらは植民地の影響であり、決して望んだものではないのです。南米にも北米にもさまざまな言語を使う人々が多くいます。各地域の言語と歴史を知れば、植民地における宗主国の力が見えてくるでしょう。直線で仕切られた国境を持つ国々が、自分たちの民族、部族、言語とは関係なく、外から特定の言語を押し付けられた事実を学ぶことは大事でしょう。

どのレベルの教育でも、必修科目にすると、その科目は習うほうにとっては必ず面白くなくなります。嫌になるのです。これは多くの人が経験済みでしょう。必修科目として、大多数の生徒が楽しみ、良く学ぶためには、教師の側に多大な努力が必要です。

日本の小学校で英語を必修にすれば、真面目な小学校の先生に過大な負担を強い、過労死に追い込みかねません。あるいは「いい加減先生」を作ることにならないでしょうか。小学生への英語教育は、結局は一部の人々が儲けるにすぎず、日本にとっては、得られるものより失うもののほうがはるかに大きいのです。

英語教育の本質的な改善のために

言語の学習とは、徹底して教えて初めてしっかり身につけさせることができるものです。母語はもちろん、外国語ならなおさらです。週に一回一時間教える程度では、外国語は身につきません。文部科学省の最新の方針は、「一五分で良いから教える」というものですが、それでは何の効果もなく、いい加減で表面的なことしか教えられないでしょう。先生方には手抜きが広がり、通俗的なカタカナ言葉のお遊びでお茶を濁すということになるかもしれません。

もしも本気で、日本語の代わりに外国語を小学校から教えようというのなら、週に五日毎日、二〜三時間ずつ、そしてさらにイヤホンや映像も駆使して必修にしなければいけないでしょう。しかし、母語である日本語を学ぶ時間を減らしてまで英語を学ばせるというのはあり得ません。

本気で英語教育の目的を大きく変更するのであれば、

①大学入試、高校入試から「英語」をはずす（第4章で詳述します）。
②英語を完全に選択科目とする。
③英語を教えるならば、週に五日、毎日二時間授業をし、午後はリスニング力をつけるためのラボ（機材を使う、耳と口の訓練に特化した時間）をさせる。

といったことを、中学校以降で考えたほうが良いでしょう。選択科目とする意義は、必修科目だと学ぶほうにとっては面白くないというだけでなく、アジアやアフリカなどの国々の、英語以外の言語も学んだほうが、日本の国際化には長い目で見て確実に良いだろうと思うからです。

各言語の授業は、徹底的に面白く、学ぶことが楽しい授業として、熱心で有能な先生方に教えていただくのが良いと思います。嫌々ながら教える教員は要りません。そして、文学や言語学、音韻学や訓古学、つまり、いわゆる「語学」としての英語ではなく、日常生活で使うための言葉（language）として教えなくてはなりません。目的は、読み、書き、聞き、話すことのできる人、その意欲を持つ人を育てることにあります。書き、話すためには、多く読み、さまざまな音を聞くことができなければなりません。

言語学習にも、自分の話題・テーマを持っていて、それについて自分はどう考えるかを説明できることがきわめて重要です。言葉は意思疎通のための道具なのですから。そして、ほかの人々に共感し、その場を共有する意欲と態度を持った人でなければなりません。「語学」の点数が高いことではなく、言葉を使って十分に意思疎通できることが大切なのです。

私のいたオハイオ州ガンビエという村で、アパートの隣の住人である六十歳くらいの女性は、“She don’t know.”と言っていましたが、言いたいことははっきり言う人でした。庭での私との何気ない話の中で、最初その言葉を聞いたとき、私は胸がつぶれるほど驚きました。しかし、文法的に正しいことを知っていることと言いたいことをはっきり言えることとは、どちらが人生で大事なのだろうかと考えさせられたものです。

アメリカ英語（米語）といっても、ニュー・イングランドの英語とテキサスのような南部の英語ではとても違うし、アフリカ系アメリカ人とラティノ（Hispanic）系の人々の英語も相当異なります。単語も発音も違います。地域、人種、職業、年齢などによる違いについて、歴史的背景、文化的・政治的あるいは言語の体系的な相違も追究してみると面白いでしょう。「米語」というものは存在しないと考えたほうが良いのです。

オーストラリアの英語、ケニアの英語、インドの英語、フランス人の話す英語などそれぞれの特徴や、なぜそのように違うのか、どこから来ているのかも調べてみると自然と興味が湧いてくるでしょう。ラテン語やギリシャ語の語源、アングロサクソン系のものだけでないさまざまな語彙《ごい》や使われ方も知ると、言語の発展には深い、長い、興味ある変遷と歴史や出来事などが絡んでいるのが見えてくるのです。

「ただ覚えろ」というのは苦痛でしかありませんが、自分で調べて発表したら忘れられないでしょう。後になって内容は忘れても、ワクワクして調べ、面白いことを研究し楽しく発表したことは絶対に忘れられません。そのような授業を高校でやり、深く興味を持った学生は大学でさらに伸ばしていけば良いのです。そのような学生が来ると、大学の先生方も、それまでのようなおざなりな授業などやっていられません。学生の不満が大きければクビになる（次年度の雇用契約はない）か、またそのことが処遇にまで影響するような仕組みが、日本の大学にも必要です。

英語以外の言語も教える

日本人に外国語を教えるのなら、頭の柔軟な十二〜十七歳頃の中学生・高校生に教えるのが良いでしょう。前述したように、小学生は母語を身につける時期であり、十八歳以降の大学生は脳が固くなり始めます。言語は、英語（または米語）だけに限らず、フランス語、ドイツ語、ロシア語、スペイン語、中国語（北京語に限らず）、ハングル、インドネシア語、タイ語、タガログ語、スワヒリ語、ベンガル語、ヒンディー語、ウルドゥ語、シンハラ語、ポルトガル語、アラビア語など、多様にするべきです。現代語だけでなく、古典語としてサンスクリット語、ラテン語やギリシャ語などをやっても良いでしょう。これこそ語学です。そして、必修科目ではなく自由選択とし、三〜四科目（語）を各学校が教えたら良いと思います。

「英語以外に二〜三言語も教えられない」「先生が足りない」という批判があるかもしれません。しかし、近隣の中学校・高校で分担・協力すればできます。このような言語の先生は、各学校の独占・専任にする必要はありません。一人の先生が二〜三校を担当して、合わせてフルタイムとなるような仕組みを考えれば良いでしょう。大学でフランス語やドイツ語、ロシア語を専攻した先生方は、嫌々ながら英語を教える必要はなく、堂々と自分の専門語を中高生に教えることができます。英語を学びながらも、たとえば、中学二年ではタイ語を一年習い、高一ではドイツ語を一年習うというのは、将来国際的に活躍する日本人を育成することにおいてはるかに意義があります。

「高校までは英語は大好きでよく勉強していたが、大学に入ってからは、楽しい面白い英語の授業はなかった」ということを伝えてくれた大学卒業生をたくさん知っています。特にどの大学、どの高校の卒業生に限らず出てくる感想なので、これが日本の英語教育の一端なのかなと思わざるを得ません。

道具としての言語は、上手に使えるように習わなくてはなりません。何かをするために、楽しんで使うことを教える必要があります。実際、インド英語、オーストラリア英語、アメリカ南部の黒人英語、マンハッタンの英語、ニュー・イングランドの英語、ケニアの英語は、みんな違います。各国・地域に住む人々が、自分たちの実際の必要に合わせて使うことで、変化が生まれているのです。日本人としても、この事実を知るのは楽しいことでしょう。英語は、自動車、コンピュータ、金槌、数式などと同じで、道具としてそれぞれの使い方をきちっと学ぶ必要があります。言語学、音韻学などとは違うので、使い方のコツを身につけることが大事です。

学生数約一二〇〇人のアーラム大学は、日本語教育、日本研究において全米で有名です。日本語の授業は、八人くらいの学生が教師を囲んで輪になって椅子に座ります。教師は手と体を使い、次々と学生に答えさせ、質問させ、対話させせます。間違いは正しますが、教師が一方通行で「教える」授業はしません。学期が始まって数週間後、大学で初めて日本語を学んだアメリカ人学生が、私になかなかしっかりした日本語で話しかけてきたときには、本当にびっくりしました。高校まで日本語をやったことはなかったそうなのですが、大学では毎日午後にラボで耳の訓練をしているのです。

言語を習うのに、四〇分授業（あるいは四五分）を週一回や二回で、一年間などという教え方はしてはいけないのです。短期間で毎日集中して習うことの効果は大きいのです。三カ月単位で五〇分授業を週五日行うと、六〇時限使えます。これを年三学期で通すと、一八〇時限になります。これを対話方式で行えば、相当なものにならないわけがありません。毎日集中して、楽しく学習した十二歳から十七歳の頃の勉強は、忘れなさいと言っても無理でしょう。ある外国語を楽しく学んだ経験は、世の中に出てから別の言語を学ぶ必要が出てきたときにも大いに役に立つものです。今度も自分で楽しく（「楽に」という意味ではありません）学べるという自信がついていますし、取り組み方がわかっていることの効果は大きいのです。

外国語を学ばせる真の意味は、その言語を使えるようにするという以上に、実は母語を学ぶこと、つまり日本人にとっては、日本語について考える力をつけ、認識を深めることにあると私は信じています。構造や単語の使い方、発音の違いなどについて、母語について学び、異同を考えさせ、体系として認識させる意義はとても大きいのです。

肝心なことは、英語を高校や大学の入試に、試験科目として（リスニングなどを取り入れたとしても）筆記試験に用いてはならないということです。普段の授業成績を高校入試や大学入試の材料として使えば良いのです。リスニングなどといって、テープで聞かせる入試などは、形にこだわった悪いやり方と言わざるを得ません。異文化の人々と意思疎通を図る力をつけさせたければ、一度聞いたときにわからなかったら、その場で聞き返し、違う言葉で説明を求める力・態度を発揮させることのほうがよほど大事ではないでしょうか。テープを一回聞いただけで正しい選択肢を選べたとしても、それは意思疎通能力とはほとんど関係ありません。

一発勝負の筆記試験だけで判断される入試（「学力」検査）の仕組みに、高校生、中学生、その親たちはなぜ反対しないのでしょうか。親自身もかつて一回きりの筆記試験で判断されてきたのだから、子どもたちの世代もそれで良いというのでしょうか。親の世代の義務は、自分たちの世代よりもいっそう良いシステムを子どもたちの世代に残すことです。

英語化して日本語を劣化させてはいけない

明治維新以降、日本人が日常的に英語を使えるようになることを目指す「日本人の英語化」という動きは休みなく進んできました。時計の振り子のように、ある時期はその動きは強く、ある時期は鳴りを潜め、再び社会的な声が大きくなるということが繰り返されてきたのです。

英語以外でも、「世界で一番きれいな言葉はフランス語であるから、日本語をやめて日本人の言語はフランス語にしよう」という意見を本気で言っていた人もいます。「漢字はやめてしまって、すべてカタカナにすべきである」という「カタカナ論争」も何度も浮かび上がっては消えていきました。

明治維新から一五〇年以上となる近年は、「日本人の英語化」という動きの大きな山場と見て良いでしょう。最近の「英語化・英語強化」論は、主に次のような理由を携えて表面に出てきています。

①グローバリゼーションの進んだ世界で、日本が後《おく》れをとらないためには、世界の標準語である英語ができなければ話にならないだろう。
②国際会議などで、日本人はほかの国の人と比べて、丁々発止と議論する人が少ない。
③中学・高校・大学で合計一〇年も英語教育を受け、英会話学校などに通っている人も多いのに、英語が苦手、または嫌いという人が多い。

これまで述べたように、①については、グローバリゼーションや国際理解のために英語は必須ではありません。②と③については、教育を変革することで改善できると考えられます。

施光恒《せてるひさ》氏は、日本人の英語化に対して、次のように論じています。

①エリート層とその他というように、日本の分断化、すなわち、格差の拡大をもたらす。
②日本の近代化に貢献した翻訳（つまり、母語で考え、母語で感性を磨き、表現すること）の重要性を理解しないことになり、先人の努力への冒瀆《ぼうとく》である。

③母語（日本語）の劣化を招く。

施氏は「母語が民主主義の重要な基盤である」とまで言います。最近の「四技能」などの英語政策、英語入試に対しては、さまざまな批判的な検証がなされています。阿部公彦《まさひこ》氏や南風原朝和《はえばらともかず》氏の文献を参照してください。

2 奨学金問題

深刻化する「奨学金」返還滞納

「教育の無償化」とはなんと耳心地のよい言葉なのでしょう。文句が出るはずもありません。「幼保無償化」という施策も同じで、負担なしに利得だけがあるように聞こえます。見栄えのいい政策であり、集票のための切り札として使われています。言う人も、聞く人も、「本当にそうなったら良いなぁ」と思っているに違いありません。

しかし、「なぜそれが必要なのか」「目的が同じなら、それを達成するほかの政策はないのか」「ほかの政策があるのなら、『無償化』が可能な選択肢の中で最も良い結果を生み出すという根拠はどこにあるのか」といったことを示さなければならないはずです。「財源はどこにあるのか」「どの政策を犠牲にするのか」「その予算項目は何か」「誰がそれを負担するのか」などといった細かい論点は質《ただ》されません。「なんとなく良さそうだから、賛成！」ということになっています。もちろん、削減されるほかの予算項目が何もないのであれば、新規の追加予算であり、支出規模の拡大はそのまま赤字費目となる以外にありません。

ここでは、教育における経済的負担を軽減するはずの「奨学金」について、現状の問題点と混乱の原因を中心に考察してみましょう。

「無利子奨学金を希望者全員に」という記事を見た覚えがあります。ここでいう「無利子奨学金」とは、「お金を貸してあげるけど、あとで返してね。無利子だから、利息はつかないのでその分は返済しなくていいよ」ということらしいのです。

利子つきか無利子かが議論されるのは、貸金／借金の場合です。担保、返済期間、利子率(ゼロなのか、ゼロでなければ何%か)を、双方が了解して事が進むのは当然のことでしょう。

「奨学金」については、その他、いろいろな見出しで議論が出されています。たとえば、「怖い奨学金返済」「奨学金で苦しまないために」「『奨学金』保証人の家族ら困窮」「奨学金の返済に困ったらどうすればよいか？」「奨学金返済！　生活困窮で多大な支障、滞納で給与差し押さえやローン組めず」などです。奨学金とはなんと厄介なものなのでしょうか。

独立行政法人日本学生支援機構（ＪＡＳＳＯ）によると、卒業後、三カ月以上の滞納者は一五・七万人に上り、二三九八億円の返済が滞っており(平成二十九年度)、返済率は八一・九%

（平成三十年度。事業費一兆三七三億円に対して返還金八四九五億円）だそうです。

現代日本の「奨学金」は借金

現代の日本では、奨学金に関する問題や論争はほとんど不毛なものとなっています。その主な理由は、「奨学金」という言葉に対する誤解です。

奨学金という言葉が使われ始めたのは明治初期だと言われています。もちろん、もっと古い時期から、学生に学資金を援助する制度自体はありました。明治初期の文部省が、優秀だが経済的に困難な学生に「給付」または「貸与」したのが奨学金でした。

その後、一九四三年に、大日本育英会（現在の日本学生支援機構）が、少額の奨学金を「貸与」する方針を採りました。

実は、奨学金とは本来、何らかの基準において優秀な学生、優秀だが経済的に困難な学生に給付（grant）される補助金のことです。返済の義務などない、資金の移転です。英語では scholarship に当たります。

現在の日本学生支援機構が奨学金と呼んでいるものは、貸与しているだけで、利子がつくかつかないかにかかわらず、あくまでも返済が前提の借金以外の何物でもありません。住宅ローンなどと同じです。正確に記述するなら、「学費ローン」と呼ぶべきでしょう。英語では student loan に当たります。

補助金と借金を同じ言葉で扱うことがおかしいのです。これらをはっきり区別することは、きわめて大事です。この点に関する無理解が現在の混乱、返還滞納問題の一大原因であると思われます。教育・研究の職に関わる返還義務免除の制度が廃止され、大学進学率が六〇%以上となった現在、戦前から続く奨学金という言葉の間違った使われ方は、正しく直す必要があります。

住宅ローンと違い、学費ローンには無利子のものもあります。通常は、卒業と同時に返済期間が始まります。企業やNPOなど民間の「奨学金」では、学生の親が融資（ローン）を受ける場合は、「学生ローン」と呼ばれ、学生本人が受ける場合は「教育ローン」と呼ばれることもあります。住宅ローンや自動車ローンとの違いは、担保が有形資産ではなく、将来の期待収入という無形のものとなっていることです。とはいえ、学費ローンが借金であることには違いありません。このことに対する認識に、借り手と貸与者（機関）との間にギャップが生じているのではないでしょうか。

補助金も借金も、学生に対するお金の動きであれば「奨学金」と一括して呼ぶ日本の社会の仕組みが、受け手の意識をマヒさせていると思われます。「奨学金」という言葉を使うことで、実態が借金であることを押し隠しているのです。

バングラデシュのグラミン銀行などによる「マイクロ・クレジット（無担保少額金融）」を、私は研究テーマの一つとして長く見てきました。貧困層の自立を目的に、いろいろな機関がさまざまな仕組みで、金融貸し出しを行っています。グラミン銀行では、この四〇年間で、世界の最貧困国の一つ、バングラデシュの多くの貧困農村女性を借り手として、返済率九八・九％に達しています（二〇一九年十二月報告書より）。これは、先進国の大銀行が大企業に貸し出した銀行融資の平均返済率よりもはるかに高いものです。二〇〇八年のリーマン・ショックのときも返済率は落ちませんでした。

バングラデシュの貧困農村の女性たちの行動は、性善説で説明されるのでしょうか。日本の「奨学金」の滞納者は、性悪説で説明されるのでしょうか。そんなことはありません。日本の仕組みが悪いからにほかならないのです。お金のやりとりにおいて、定義が、意義が、意図が伝わっていないからに違いありません。返済の仕組みなどが理解、合意されないままとなっているのが現状です。「規定に書いてあるではないか」と言うのは言い訳でしかありません。

奨学金を正しく運用するために

①現物支給で

奨学金の給付にしても、学費ローンの貸与にしても、学生本人の手を通さず、貸主は教育機関に学費納入の全額または一部として直接払い込むべきだと考えます。いわゆる「現物支給」です。学生の預金口座に振り込めば、何に支出されるかはわかりません。学費納入ではなく、家賃支払いや遊興娯楽費に使われても仕方ないでしょう。つまり、目的外使用を防げません。もちろん、生活費を出す目的の奨学金給付ならば本人に給付します。現物支給と組み合わせても良いでしょう。

②在学中は成績の確認・審査を

奨学金の給付を受ける期間中、または学費ローンの貸与期間中は、学生の学業成績が一定の水準以上を保ち、卒業に向けて必要な単位数を取得して履修段階が着実に進行していることを、給付・貸与機関が厳密に確認することが必須です。学業成績が一定のレベルを下回ったら、次回の給付・貸与は中止にするという仕組みにしておく必要があります。

この確認は、給付・貸与機関だけでなく、もちろん学生本人も教育機関もしっかりと継続的に行うことが必須です。さもなければ、三者のどこかで「こんなはずではなかった」というような状況が生じることになります。

③期待所得に応じた金額、利息、利子率の設定

奨学金給付の場合は、学生は返済する必要がないので、給付金額は学生の学部・学科によって変えなくても良いかもしれません。

学費ローンの場合は、学生は卒業後に返済する必要があります。そして、卒業生の返済能力は卒業した学部・学科によって差があります。たとえば、医学部医学科と教育学部初等教育学科の卒業生では、事実として、平均の生涯所得金額が大きく異なるでしょう。学費ローンを、すべての学生に対して、同じ金額・返済期間・利子率に設定する仕組みは、実は不合理なのです。

複雑にする必要はありませんが、いくつかの分類に分けて、学費ローンの種類を設定し、学部・学科などで限度額、返済期間、利子率に幅を持たせることが考えられます。つまり、将来、高い生涯所得が見込まれる学部・学科にいる学生は、高い金額を高い利子率と短い返済期間で借りることができ、そうでない学部・学科では、高すぎない金額を低い利子率と長い返済期間で借りられる、という仕組みにしてはいかがでしょうか。

そのような仕組みを作ることは不可能ではありません。今はビッグデータの時代です。ＡＩを使えば、学部・学科によってどの程度返済能力がありそうなのかは簡単に導き出すことができるはずです。各大学の卒業生の追跡調査はある程度なされています。多くの職種で、卒業時の学部・学科などのデータを集めて統計を取るだけで、この仕組みは実現できるでしょう。

給付する本来の奨学金を

日本では、給付するという本来の意味での奨学金を大きく増やすことが急務です。日本学生支援機構も、ようやく二〇二〇年四月から「給付型奨学金」を開始しました。成績、学業の達成度と連携して、継続・中止や減額なども仕組みの中に入れることが重要です。家庭の所得によるニーズ・ベースの奨学金給付でも、本人の成績による給付でも、給付期間中の成績のモニターは厳密に行わなければなりません。一定以上の成績で、学びが順調に進んでいることを確認しなければ、奨学金の意味がなくなります。給付の種類や金額を大きく増やし、同時に運用は厳密に実施し、奨学金本来の目的達成を促進する仕組みを機能させなければならないでしょう。

奨学金の給付も、学費ローンの貸与も、毎学期の成績をモニターして次年度の金額を決めるシステムを採用し、それを学生に周知しておかねばならないでしょう。たとえば、ＧＰＡ（成績評価平均ポイント）が（〇～四スケールで）二・七以上なら現状の金額を維持、二・七未満で二・〇以上なら二五％減額、二・〇未満となった場合は半額に変更し、次の学期で回復しない場合は、学費ローンの貸与を中止するといった仕組みを導入することで、学生に対する真の「奨学」となります。奨学金の給付では、もっと厳しい基準にしておくことが、設計上重要です。

「引き続き給付・貸与されるためには勉強しなければならない」というシグナルを学生に送り続ける必要があります。日本の多くのシステムは、一旦給付・貸与が決定されると、ずるずるといつまでも継続されることが多いのが特徴です。そのために、制度上の欠点が出てきているのではないでしょうか。このように、「奨学金」で問題を抱えた日本の大学も、より丁寧な奨学金、学費ローンへの取り組みが必須の時代となっていると考えます。

授業料を将来年収に応じたものに

日本に限らず、アメリカでも、学生ローンを返済することが困難な人が増えてきています。

アメリカでは、これまでは「大学教育は投資である」という考え方が主流でした。しかし、そこから大きく転換し、「大学教育は消費財・ブランドである」という認識に立ち、「所得ベースの授業料（income-based tuition）」制度を唱えている人がいます。ペンシルバニア州立大学の、サジャイ・サミュエル教授です。

サミュエル教授は、「学生ローンは、どのようにして学生を搾取しているか」というTEDの講演で、

①高等教育は今や消費財の一種となっており、大学の教員はまさに教育サービスの提供者である。
②学生ローンの借金は、利益率の高いサービス産業を形成している。
③学位、学位記は、「ブランド物」となっている。

と説明した後、「大学は新しい高校となっている」と言うのです。

高校卒業者に対する大学卒業者の平均生涯年収の大きさの差は「大学プレミアム」と呼ばれ、アメリカでは平均して六五%高いと言われています。これは学部・学科、修士や博士の研究科、専攻科によって大いに異なります。サミュエル教授は、授業料、そのほかの学費など

を、将来の期待される見込み年収の一生涯分に基づき、それらの高い分野では授業料を高くし、低い分野では低くすることを提唱しているのです。先ほど私が提案した学生ローンの改革案を、授業料において実現しようとしていると言えます。

第3章

アメリカの教育制度に学ぶ

1 アメリカの大学入学者選抜

入学は大学と学生の相互プロセス

アメリカの大学への入学は、「学生による大学選択」と「大学による学生選抜」の、長期間にわたる相互プロセスから成っています。

アメリカの大学には、日本のような各大学独自の入学試験はありません。その代わり、全米で行われる共通の統一テストが複数あり、多くの大学は、その点数または受験記録の提出を入学願書の一部として必須としています。いずれも年に何回も実施されており、高校の最終学年でなくても受験できます。そのうちの特定の一回の学力試験だけによって入学許可を決める大学はほとんどありません。

「長期間にわたる」とは、高校の最終学年である十二年生（高校四年生）が始まる八、九月頃に開始され、卒業直前の翌年五月頃までの期間です（アメリカの高校は四年制のところが多く、九年生から十二年生が高校生に該当します）。統一テストを受ける期間は、さらに長期間です。中学校の最終学年である八年生（中学三年生）か九年生（高校一年生）の頃から、統一テストのＰＳＡＴ（Preliminary SAT）やＮＭＳＱＴ（National Merit Scholarship Qualifying Test、全米での成績優秀者表彰と奨学金授与のためのテスト）を受け始めます。ＳＡＴ®（全米で年に七回実施）やＡＣＴ®（年に四～六回実施、州によって異なる）を十二年生（高校四年生）以前に受けると、合計で四～五年の期間となります。

アメリカの大学の入学者選抜の流れを、順を追って説明しましょう。

大学のアドミッション・オフィサー（入学者選抜の専門家）は、学年度が終わる五月末か六月初めから、大学紹介のために、全国または地域の高校などを訪問します。十～十一月には、今度は、各地から高校生が連日のようにキャンパス訪問をしてきます。高校生たちは、高校の先生に引率されて来る者も、親と来る者も、高校生の仲間と来る者もいます。その間、高校生からの入学願書（entrance applications）を郵便またはメールで受け付けます。願書受付は、多くの場合、十二月末～二月半ばが締め切りです。

高校生は、大学内や学外での面接やキャンパス訪問、親子での面接などを行い、三～六校程度の大学に願書を提出します。願書には、推薦書や統一テストの点数などを記入します。

アドミッション・オフィサーは、願書を提出した高校生の個人別にファイルを作り、一つひとつ念入りに見ていきます。そして、実際の選考作業が始まります。入学許可（acceptance）を決定したら、その連絡を順次行います。

ちなみに、ハーバード大学は、全米各地の都市などで、卒業生による入学志望高校生の面接を行っています。アドミッション・オフィサーたちのために、ファイル作りを手伝っているわけです。ハーバード大学の卒業生は、あらゆる分野の職業で、どこの市にもいて、ボランティアで面接を行うのです。彼らは、ハーバード大学のアドミッション・オフィス（アドミッション・オフィサーたちが所属する部門）から、志望高校生の地元、または近くの都市で、その高校生に連絡して面接を設定するよう伝えられます。メールや電話で予約をとって、一～二時間の面接を行います。卒業生の面接官は終了後すぐ、アドミッション・オフィスへ報告書を提出します。この面接報告は、個人のファイルの中で重要な一部となり、入学許可を出すかどうかの判断材料として尊重されます。

高校生は、入学許可が出た大学の中から、自分に最も適していると思われる大学を選びます。そのために、さらなるキャンパス訪問を行ったりします。奨学金や学生ローンをもらえるかどうかの決定を受け取り、その上で自分の行く大学を決めたら、入学手続き（四月末や五月末などが締め切り）をします。その後、新入生オリエンテーション（八月半ばから月末にかけて、もしくは九月初めに数日かけて行われる）の時期かその前に入寮の手続きを行います。つまり、最後は学生が大学を選択することになります。

こうして、長期にわたる「大学による学生選抜」と「学生による大学選択」の相互プロセスがあった後、その年の新学年である八月末頃、または九月初め頃に新入学生をキャンパスへ迎え入れることとなるのです。そのとき、転入・編入学生として、二年生へ、または三年生へと他大学から移ってくる学生もいます。その数、割合は大学や年によっても異なりますが、数%から一割前後になる大学も多くあります。

大学教員は入学者選抜に関わらない

アメリカのほとんどの大学において、学部レベルでの入学者の選抜（アドミッション）は、入学者の選抜を専門とするプロの職能集団「アドミッション・オフィス」が担当しています。その職員は「アドミッション・オフィサー」と呼ばれ、全責任はその長である「ディーン・オブ・アドミッション（以降、ディーン）」にあります。教員たちは「ファカルティー」と呼ばれ、入学者の選抜において、高校生の勧誘、高校教師への広報や入学許可にはほとんど関わりません（ただし、規模の小さい大学ではアドミッション・オフィサーを雇わず、または雇えず、教員の役割が大きいところもあります)。

入学者の選抜における教員の仕事には、次のようなものがあります。

①アドミッション・ポリシー(どういう学生に入学許可を出すのか、高校生に何を期待するのかを定めた大学の方針)委員会のメンバーとして、その策定、変更、実施状況の監督などに携わること。

②学内で、キャンパス訪問中の親、高校教師や高校生などに、授業を公開したり、面談したり、専門領域に関わる学内施設などを案内したりすること。

③学外へ出かけていき、高校などで、公開講演会、大学説明会、卒業生との会合などを行い、大学の授業、研究、学内の活動などについて話すこと。

①は委員会のメンバーになると業務となりますが、②と③は、あくまでもボランティアとして、普段の授業と研究に差し支えない範囲で、アドミッション・オフィスからの要請に応えるものです。

ほかに、アドミッション・オフィスが入学許可を出した高校生に個々に手紙を出し、「ぜひ来て(入学手続きをして)ほしい」と勧誘することもあります。私もかつて、頼まれて、入学許可を出した五人の高校生に手紙を書きました。

入学者の選抜における教員の仕事の頻度と規模は、大学、あるいはディーンの考え方次第でまちまちです。たとえば、ラトガース大学のように、教員の参画をより積極的なものへ見直そうというところも見られます。

学部レベルでは、学生の専門、専攻、学部・学科は、一部のプロフェッショナル・スクール（エンジニアリングや、看護師養成、ジャーナリズム、マネジメントなど）を除いて、入学時点では決めず、入学後一年あるいは二年目の半ばまでに決めます。そのため、大学側は新入生の全般的な質の高さおよびその多様性を確保しようとするのです。アドミッション・オフィサーの重要な仕事は、入学許可を出す学生の質を落とさず、いかに当大学の伝統、学風、理念、特徴に合う学生を見つけ出し、たくさん応募させるかにあります。そして、入学許可を出した学生に、他大学ではなく当大学にどれだけ多く入学手続きをさせるかでその手腕が問われるわけです。

一年三～四カ月で一サイクルとなる入学者選抜のプロセスで、大学のアドミッション・オフィスにおいてはコンスタントに激務が続いていきます。この全体のプロセスは、ディーンの能力とリーダーシップの下、若い熱心なスタッフの猛烈な仕事ぶりに支えられています。

全米統一テスト　SATとACT

各大学は独自の方式で一人ひとりの志願者についてのファイルを検討し、入学許可についてイエス（in）かノー（out）を決めます。そのとき、どこの大学でも大きな役割を果たすのが、

①高校での成績（科目ごととGPA〈Grade Point Average〉）
②全米の統一テスト（SAT／ACT）の成績
③推薦書、および面接

です（表1参照）。

厳選度（後述）の高い大学で入学許可を取るためには、SATまたはACTどちらかの成績でほぼ九〇％以上の点数を取ることが必要であると言われています。

統一テストの成績を必要としない大学もあります。かつては、そのような大学は概して競争率が低いとみなされていました。一九九〇年代頃までは、SATの成績を求める大学が多く、

表1　アメリカの大学の入学者選抜において重視される項目

（複数回答）

順位	項目	%
1	高校での大学進学用の科目の成績	78
2	統一テスト（SAT / ACT）の成績	61
3	高校での成績表における全科目の成績	54
4	高校での学年における成績のランキング	33
5	エッセイ（小論文や随筆などの作文）	23
6	高校教員の推薦書	18
7	高校の進学カウンセラーの推薦書	17
8	面接	9
9	課外活動、仕事、アルバイト経験	7
10	学生の示す大学への関心度、興味	7

U.S. News & World Report, August 30, 2004, p.72より筆者作成

ＡＣＴの成績を求める大学は比較的少なかったと言われています。その後、ＳＡＴまたはＡＣＴのどちらかの成績を求める大学が増えてきました。

二〇〇〇年頃以降は、ＳＡＴ／ＡＣＴから距離を置き、どちらの成績も求めない大学が増加しています。

ＳＡＴ（現在の正式名称はSAT Reasoning Test）は、ニューヨークに本部を持つカレッジ・ボードによって一九二六年以来運営されています。元々、アイビーリーグ（ハーバード大学、イェール大学、プリンストン大学などの八大学）への入学志望者を選別するための準ＩＱテストのようなものとして始まり、どちらかというと「考える力」をテストするように設計され

ています。言語、数学、論理力などを見る問題が多いのが特徴です。

以前は二セクションで四〇〇～一六〇〇点でしたが、最近、三セクションで、各セクション二〇〇～六〇〇点という表示になりました。一九九三年から、科目別のＳＡＴ（SAT Subject Tests）が英語、数学、アメリカ史、生物学、物理学、化学などの二〇科目で受けることができるようになりました。テスト時間は三時間四五分で、オプションのエッセイを受けるともっと長くなります。説明、登録、休憩などを含めると、全体では四時間半となります。

ＡＣＴは、アイオワ州のアイオワ市にあるACT, Inc. によって運営されています。カレッジ・ボードもACT, Inc. も法律に基づく民間の非営利団体です。ＡＣＴは高校生が何を学んできたかを中心にテストするよう設計されています。セクションは、英語、数学、読解力と科学の四つです。点数は三六点満点で、標準のテスト時間は四時間となっています。

一九九八年から二〇〇七年にかけて、全米でＳＡＴの受験者数は三〇％増え、ＡＣＴの受験者数は四三％増えました。ＡＣＴの人気の高まりで、ＳＡＴも三セクションにしたり、科目別を設けたり、複数回受験したときには自己の最高点だけを大学に送ることができる、というようにルールを変えたりしています。高校生としては、両方を何回も受けるのは大変なので、最近勧められているのは、九年生（高校一年生）、十年生（高校二年生）の頃に、まずはＳＡＴとＡＣＴの両方を受けておいて、そのうちの点の高いほう、受けやすいほう、点数改善が可能と思われるほうを十一年生（高校三年生）の春に受験し、十二年生（高校四年生）になって大学に出す願書を完成させる点数とすることです。

ＳＡＴでもＡＣＴでも、文章を書く力を見ることが重要視されているのですが、統一テストを必須とする大学では、それぞれ独自の計算方法で、その点数を入学許可決定のための総点に組み込んでいます。

ＳＡＴとＡＣＴのどちらが大学入学生としての能力をより適切に測れるか、つまり、ＳＡＴのように考え方・論理力を重視するべきか、それともＡＣＴのように事実や学んできた学習達成度を重視するべきかは、いつも議論となっています。どちらも時間に制約のある中で答えねばなりません。そのようなプレッシャーの中で「ひねった」問題を解くのが苦手な生徒には、ＡＣＴが推奨されます。逆に、単語力など記憶があまり得意ではなくても、短時間でも短い文章で論理的な思考ができる生徒には、ＳＡＴが推奨されます。

一六九三年創立のバージニア州にある名門、ウィリアム＆メアリー・カレッジ（College of William & Mary）では、二〇〇八年秋入学への志願者数一万一六三六名のうち、ＡＣＴの成績を提出したのは三八〇〇人で、そのほとんどは、同時にＳＡＴの成績も提出していました。

大学進学を望む高校生は二極化し始めているように見えます。多くの州立大学を中心とする全入の大学を選ぶグループと、競争して入りたい大学への入学許可を得るという戦術を進めるグループの分化が出てきているようです。

アメリカの大学進学率は七五％に達していると言われています。アドミッション・オフィサーは、高校での成績（特に、大学進学用の科目の成績）と統一テストの点数を参考に入学者の選別をするのですが、83ページの表1にある通り、それ以外にさまざまな要因を考慮した上で入学許可を出すのです。高校時代の全科目のGPA（点数化した成績の平均）、学年における成績のランキング（トップ五％、一〇％以内、二五％以内など）、一～三本のエッセイ（テーマを与える大学も、特定しない大学もあります）、高校教員や進学カウンセラーの推薦書は丁寧に確認されます。その中からキラメクもの、訴えるもの、意欲が伝わるものを探ろうとするわけです。アドミッション・オフィサーたちは、志願書類の中にhookやsparkがあるかを見ると言います。

その決定の仕方は、大学によって大いに異なります。一定の方式によって、コンピュータで点数を出しそれに従って決める大学もあります。一人の志願書類に二人のアドミッション・オフィサーが目を通し、学習意欲やリーダーシップなどの重要要因を引っ張り出し、分類分けを行い、最後には判定会議で全員のアドミッション・オフィサーとディーンが合議して決定する大学もあります。私のいたケニヨン大学もアーラム大学もこの方式でした。ある一定の人数に達した後は、第一回目の決定では入学許可にならなかった学生を補欠に入れることとなります。

志願者（願書）総数をA、入学許可者（admitted / accepted）の数をB、入学者の数をCとしたとき、B/A（A分のB）を「受け入れ（acceptance）率」、C/B（B分のC）を「歩留まり（yield）率」と呼びます。

アドミッション・オフィスの仕事は、受け入れ率をできるだけ低くし、歩留まり率を高くした上で、入学者数を一定水準に留めることです。

その結果、受け入れ率は、低いほうが競争率が高く、大学の厳選度（selectivity）が高いという一般的な指標として使われます。

受け入れ率が二〇％というのは、志願者総数のうち五人に一人に対して入学許可が出て、これが五〇％というのは、二人に一人に入学許可が出るということです。

具体的には、プリンストン大学、ハーバード大学やイェール大学などの受け入れ率は、九〜一〇％です。全米でトップランキングのリベラルアーツ大学のウィリアムス大学（Williams College）、アマースト大学（Amherst College）やスワスモアー大学（Swarthmore College）などでは一九％程度です。

州立では、たとえば、ニュー・ジャージー州のラトガース大学の二〇〇七年秋入学では、三キャンパス合計で、志願者四万二一〇一人、入学許可者二万三七七六人、入学者九一六九人でした。したがって、受け入れ率は五六％、歩留まり率は三九％となります。また、オハイオ州のオハイオ州立大学の二〇〇七年秋入学では、コロンバス校のみで、志願者一万八二八六人、入学許可者一万二四一七人でした。したがって、受け入れ率は六八％となります。

「大学が学生を選抜」するプロセスが、厳選度と呼ばれ、「学生が大学を選択」するプロセスが、大学側からは歩留まり率と呼ばれているのです。

大学ランキングの指標としての統一テスト

新入生が実際に入学した大学を選んだ理由を見ると、以下の点は興味深いと思われます。男子の値が女子に比べて特に高いのは、運動部や体育会からの勧誘であり、逆に女子の値が男子に比べて高いのは、宗教・信仰との関連です。男女の差がほとんどない項目は、社会的活動の評価、全国誌上での社会的評価ランキング、高校教員の勧め、親戚の勧め、個人的進学カウンセラーの勧め、があります。いずれにしても、アメリカの高校生は、さまざまな理由から自分の進む大学を選んでいることがわかるでしょう。

大学を選ぶ理由としての、大学の社会的評価ランキングは、男女どちらも一〇％程度以上で、共に重視していると思われます。大学進学を考えている高校生にとって、大学が自分に合うかが、学費などの考慮に次いで、重きを持った要素なのです。このランキングは、全米でさまざまな雑誌、会社、団体などによって、いろいろな分類で発表されています。そして、ランキングのための指標の一つとして、統一テストの点数が使われています。ここでは、*U.S. News & World Report* 誌によるランキングにおいて、統一テストがどのように扱われているかを見てみましょう。

アメリカの大学には、大きく分けてユニバーシティ（university）とカレッジ（college）の二つがあります。

ユニバーシティは、研究中心の博士課程までを持った大学で、さまざまな分野、プロフェッショナルな分野の教育と同時に調査・研究を行っています。ただし、教養カレッジ（College of Arts and Sciences）なども抱えています。

カレッジは、リベラルアーツの理念に基づき、学士課程での教育のイクセレンス（質の高い卓越した少数教育）を主たる目的として設立され、主に学士号を授与する大学です。

とはいえ、リベラルアーツを学べるのはカレッジだけではありませんし、またカレッジと呼ばれる大学でも、修士号、博士号を出すプログラムを持つところも多くあります。名称だけで、内容や課程ばかりか、教育・研究の質の高さの判断をすることはむしろ危険です。

次に、競合する大学が主として同地域内なのか、あるいは同様な種類のプログラムで競合する大学が全米、すなわち地域外にも行き渡っているのかという区分があります。つまり、学生の出身と評価が主として限られた地元の地域なのか、それとも学生の出身は広い範囲、それもほぼ全米にまたがっており、大学の評価も全米レベルで比べられている大学であるかという分類です。

これらの分類を掛け合わせて、評価のグループ分けがなされます。リベラルアーツの大学（カレッジ）か、それとも総合的な大学（ユニバーシティ）か。そして、カレッジとユニバーシティそれぞれの中で地域的な競合か、全国的な競合か。こうして、大学が二×二の四グループに分類されます。四つのグループはそれぞれの中で順位が付けられます。グループ内での順位付けは意味を持ちますが、グループをまたがっての比較は意味がありません。

　地域としては、北部、南部、中西部、西部の四分割が典型的なものです。それぞれの中で、第一位から第五〇位までが第一群、第五一位から第一二五位までが第二群、ついで第三群と第四群とに分けられます。第三群と第四群内では順位は付けられず、大学名だけが示されます。

　この順位付けは、約一五種のいろいろな指標を採用し、それらの加重平均（重み付けした平均値）がとられ、一〇〇点満点に換算され、高得点校から順位が付けられます。最終の順位が付けられると、各個別指標の数値そのものはあまり意味を持たないものもあります。個々の指標には、たとえば、同じカテゴリー内でのほかの大学の学長の相互評価合計、クラスサイズ（受講生数）二〇人以下の授業が全授業数に占める割合、フルタイムの専任の教員の割合、卒業生の大学への寄付者の割合などがあります。それぞれのカテゴリーで比重が与えられているのです。そのほかに、学生の厳選度という指標に一五％の比重が付与されています。

　その厳選度はさらに、三つの下位指標から成っていて、そのうち五〇％が、その年の入学者のトップ二五％から七五％の者のＳＡＴまたはＡＣＴの成績です。ＳＡＴはクリティカル・リーディング（読解力）と数学部分の点数で、ＡＣＴはコンポジット（複合）部分の点数が採用されています。次の四〇％は、新入生のうち、出身高校で成績のトップ一〇％以内にいた学生の割合です。残りの一〇％は受け入れ率が使われます。これら三者で全体のうちの一五％の比重が与えられています。つまり、ランキング付けでは、統一テストの点数は、七・五%（一五%の半分）に相当する重み、重要性が与えられていることになります。

大学進学を考えている高校生本人、その親、高校のカウンセラーや教員は、このランキングを見ながら、本人が入学許可を取れそうで、その中でより順位の高い大学への志願書類提出を目指します。その際、一つのかなり簡便な指標として、SATやACTの点数の範囲（トップ二五〜七五%）が広く使われてきたのです。学生や進学カウンセラーにとっては、それぞれの高校生個人の統一テストの点数と照合して、入学許可が出そうかどうかの目安として、参照されてきました。

一方、大学のアドミッション・オフィスからの観点では、83ページの表1で見たように、統一テストの点数はかなり重視されていると言えるでしょう。とはいえ、既に述べたように、この点数だけでアドミッションを出すかどうかを決める大学はほぼありません。

筆者がフルタイムで教えた三つの大学でも、アドミッション・オフィサーたちは多くの書類を読み、志願者の個人別ファイルを作ります。エッセイを読み、推薦書の文面から志望学生の個性を読み取り、高校四年間の勉学を含む生活の態度や、失敗から学んだ経験、課外活動や他人との協働プロジェクトへの参加などから人格像を見出してゆくのです。統一テストの成績は

表2　アメリカの大学の入学者選抜における統一テストの扱い

(A) 入学志願者に点数提出についてどう伝えるか

回答	%
必須と明言	87.6
必須ではないが、提出されたら参考にすると明言	7.4
必須ではなく、提出されても参考にしないと明言	2.4
必須ではなく、提出された際の対応について教えない	2.0
このアンケートに対する回答なし	0.7

(B) 点数を参考にする場合、どの程度影響するか

回答	%
大いに影響する	16.8
ある程度影響する	32.5
ほとんど影響しない	19.2
全く影響しない	31.5

The Chronicle of Higher Education, 2008, B15より筆者作成

その中の一つでしかありません。アドミッション・オフィサーたちは皆、「SAT／ACTの点数は重要であるが、それだけで決定することはない」と、面接に来たすべての高校生と親に明言します。筆者が訪ねたハーバード大学でも、マサチューセッツ工科大学でも、オフィサーたちや案内してくれた在学生はそのように言っていました。

アドミッション・オフィサーへの調査から、統一テストの位置付けを見ることができます（表2参照）。この調査では、入学者選抜で統一テストを参考にすると回答した人は八七・六％で、彼らの大学はSATまたはACTの点数提出を要求しています。逆に、点数提出を必須としないと回答した人は一一・八％です。

さらに、統一テストの点数を大学が参考にする場合、入学許可決定への影響の大きさについて、「大いに影響する」と「ある程度影響する」で四九・三％、「ほとんど影響しない」と「全く影響しない」で五〇・七％となっています。統一テストの点数が入学許可に対して持つ重要性は、「ある」と「なし」が、現在はほとんど拮抗《きっこう》していると言えるでしょう。

縮小する統一テストの役割

全米の高等学校卒業者数は二〇〇八〜〇九年で三三三万人、二〇一九〜二〇年では三六五万人と推計されています。大学進学率はまだゆっくりと上がっていくと言われていますが、大学に改めて危機感と責任感の高まりが見られます。危機感とは、大学進学を目指す高校生の数が減少することで学生獲得競争が激化することです。責任感とは、アメリカの大学が、特に学士課程の質を維持することによって、アメリカ社会および世界に対して責務を背負っているという自覚であり、自負でもあります。

こういった状況の中で、統一テストについて論争が起きています。アドミッション・オフィスの最近の重大な課題は、ＳＡＴかＡＣＴかという問いではありません。そもそも統一テストがどこまで志願者の能力・学習意欲・人格特性などを測れるのか、つまり、大学に入ってからの授業や学問的探究などへの準備状況を測れるのかという根本的な疑問が出されているのです。さらに、大学のビジョンや伝統や特徴に合致する学生に対し入学許可を出すという目的に、統一テストがどこまで役に立っているのかという反省もあります。

つまり、大学が強調する特徴と、学生の性格や望む大学経験のイメージとのマッチングにおいて、統一テストの成績を使うことが、意図とは逆に、入学してくる学生に偏りを生じさせ、キャンパス生活にうまく適合できない学生を増やしているのではないか、という疑問が大きくなっているのです。

そして、今世紀に入って、入学者の選抜プロセスにおけるＳＡＴ／ＡＣＴの意義、役割をめぐる激しい論争の中で、統一テストを必須としない大学の増加という動向が顕著になりつつあるのです。

全米大学アドミッション・カウンセリング協会（ＮＡＣＡＣ：National Association for College Admission Counseling）は、高大接続（アーティキュレーションと呼ばれる、高校生から大学生となる移行期連結の問題）の現場で、大学新入生の質を高く維持することによって、社会的・倫理的責任を果たすことを目的とする専門家の協会です。そのメンバーは、大学のアドミッションおよび資金援助関連のオフィサーたち、大学のエンロルメント・マネジメント（学生数の調整など）の専門家、および高校あるいは独立系の進学カウンセラーなどです。現在一万一〇〇〇人以上の専門家集団として、一九三七年の創立以来、さまざまな活動をしています。

二〇〇八年、NACCは、入学者選抜における統一テストの使用に関する特別委員会を組織し、この問題に対する考え方を提示しました。統一テストの使い方で、あらゆる大学に合致するものはありません。統一テストの点数が学生のアカデミックな成功を示唆する重要な指標となる大学もあれば、高校での成績を示すにすぎないとする大学もあります。NACCで出された問題点は、以下の五点に整理されます。

①統一テストを必須とすることの基礎と意義を常に問いかけ、再評価することが重要

統一テストを必須とするか不要とするかは、各大学がそれぞれのアドミッション・ポリシーとの関連で決定することである。入学後の学生の学部・学科の選択と決定や担当教員の指導、研究などにとっても、テストは不要であると決めるのならば、その他の指標（たとえば、高校のカリキュラムや成績など）で十分であることを示せば良い。さらに、APテスト（高校時代に履修する大学レベルの授業のテスト）や科目別テスト、国際バカロレア（国際的に認められた大学入学資格試験）など、高校のカリキュラムによりリンクした試験方法を考えても良いだろう。

受験の技法に依存せず、高校の普段の科目内容に沿った学びの実質を測るテストの開発が将来の方向として考えられる。

②統一テストの準備とテスト情報へのアクセスで、高校生の間に格差があることを理解し、考慮に入れよ

SATの旧一六〇〇点スケールにおいて、二〇～三〇点は受験のための準備によって得点される傾向が知られている。最終的には基礎的な知識と能力が重要ではあるが、テスト準備として、質問形式や実施方法を知っていること、テストへの慣れなどの要因が点数にどのように影響するのか、しっかりと調査し、情報を得て共有し、評価する必要がある。

③統一テストの成績・点数で誤用や間違いが起き得ることに注意せよ

学生への財政援助や奨学金の決定（特に、成績だけに基づくメリット・ベースで）に際しては、統一テストの点数を用いるのはやめるべきであろう。統一テストは本来、高等教育機関の質を測るようには設計されていない。したがって、委員会は *U. S. News & World Report* 誌に、大学の質を表すものとしてテスト点数の使用の中止を勧める。

州政府当局も、学生のアチーブメントの指標として、特に大学のアカウンタビリティ（説明責任）の指標として、統一テスト点数の使用は避けるよう述べている。

④統一テストの点数の適切な使用について、高校と大学で、特に大学のアドミッション・オフィスで、自らを教育・訓練する機会を確立せよ

⑤社会の各層において統一テストの点数の違いに関する理解を深め、高等教育のより広い社会的目標との関連で、テスト点数の使用を評価・確認することを常時行うことが必要

統一テストの点数が、所得階層、親の教育、人種、性別、高校での成績、州ごとのテストの点数、大学初年次のGPA（点数化された履修科目の成績の平均）などと、どの程度関係があるのか調査、研究されねばならない。社会でのマイノリティーの点数に配慮することが必要であろう。入学者選抜の究極の使命は、学生が大学でのアカデミックな生活において成功する能力を持つかどうかを見極めることにある。

これらの検討に基づいて、NACACは将来の方向として次のような方法を推薦しています。入学者選抜において、SAT／ACTにこれまでのような重要性を認めるのではなく、高校のカリキュラムに即したテスト、たとえば、APテスト、科目別テスト、国際バカロレア、州ごとの高校最終テストなどを使うことです。このほうが、より公平で、学生の高校での学び

をよく反映しており、大学への準備度（college readiness）をより良く示すようなテストの開発、設計が望まれるとしています。つまり、ＳＡＴやＡＣＴの成績がなくても、高校での学びの実態と大学への準備度が反映されるその他のテストが開発・改良されることのほうが、公平で重要だとしているのです。

近年の統一テストの採用状況

マサチューセッツ州にあるホーリィ・クロス大学（College of the Holy Cross）は、二〇〇五年四月に統一テストの点数を入学者選抜書類に必須としないポリシーを採用しました。その根本的な理由は、

①学生の能力と大学生活の成功をより正確に測る指標が存在すること。
②統一テストの点数は志願者のこれまでの経験、学習、達成を必ずしも伝えるものではないこと。
③統一テストの点数からは勤勉・刻苦勉励の意欲（a willingness to work hard）と学習への意欲（an eagerness to learn）がわからないこと。

④テストでの点取りが上手な人だけに偏ってしまいがちで、人間的な幅の広さを見られなくなる可能性があること。
⑤統一テストが必須だと、テストへの準備ができる学生、所得の高い層の出身者が有利になること。

であると言います。

アドミッション・ディレクターのアン・マクダーモット氏は、志願者の学習の記録（成績と科目）および質的な評価をテストの点数より重視してきたこの大学では、志願者の成績表、エッセイ、個人面接などから、入学者選抜のために一層良い判断ができるようになったとしています。実際、統一テストの点数なしで入ってきた二〇〇六年から二〇〇八年までの三年間の新入生は、以前の年次入学生グループに比べて出身地域および人種構成でも、より多様性が高まっていることが報告されています。

マクダーモット氏によると、これらの新入生は、従来の新入生と比べて、それぞれの高校でより多くの生徒がより厳しい科目を履修してきており、入学後も教員からの報告では、彼らは授業により熱心で、よりはっきりと目的意識を持って、大学生活を楽しみ、学び、コミットしていると言います。

ほかにも、統一テスト点数の提出をオプションとし、必須にしない大学も増えています。たとえば、マサチューセッツ州のスミス・カレッジやノース・キャロライナ州のウェイク・フォレスト大学などです。

マクダーモット氏は、このアドミッション・ポリシーの変更について、「批判も注意する点もあるが、むしろ点数なしで個々人のファイルを詳細に見てゆくアプローチこそが、志願者の真の能力を捉えることになる」と確信しています。

SATもACTも必須ではない、統一テストの点数を要求しない、入学許可を出すかどうかに統一テストの数値は無関係であることを公にする、そういう大学が少しずつ増えています。アドミッション・オフィサーにとって、テストの点数が高い学生を入学させることは、平均値を上げて自分の大学の外見（社会的評価）を良くするという魅力があるでしょう。点数をフィルターにして、足切りに使うことは、ほかの方法よりも少ない時間と努力で済むという利益もあります。しかし、それは学生にとっても大学にとっても望ましいことではないというのです。

個々の志願者を一人ひとり見てゆくアプローチは、より多くの時間と努力を要求しますが、それが入学を志願する高校生の可能力を本当に、全人的に、確かに見極める唯一の方法だ、という考え方が広がっているのではないかと思われます。

二〇〇九年二月にカリフォルニア大学（University of California）はその九校の学士課程への入学に、SATの科目別テスト（旧SATⅡ）の点数を必須としないことを決定しました。これは二〇一二年秋の新入生から適用されたもので、きわめて大きなアドミッション・ポリシーの変更です。二〇〇一年頃にSATの公平性、有効性などに対する疑念から始まったこの論争は賛否両論ありますが、カリフォルニア大学は、社会階層や人種、能力でより多様性の大きい、よりカリフォルニア州に合った学生構成になるだろうと予測しています。

以上の議論から、アメリカの大学においてアドミッション・オフィスが直面するであろう将来の課題が浮かび上がってきます。

統一テストの点数の扱いです。点数の提出を要求している大学でも、実際にはほぼ半数のアドミッション・オフィスでは使っていないし、参考にしている場合でもその比重は低下の傾向にあります。志願者の人間そのものの多面性を見るときにこのテストの点数にどれだけの意味を持たせるのか、それとも全く点数なしで入学許可を行うのか。これからは使うにしろ使わないにしろ、各大学がそれぞれ独自に統一テストの意義を明確にした上で、公表することが重要となるでしょう。

アドミッション・オフィサーの仕事で重大なことは、入学生の質の高さを保つと同時にその多様性も考え、大学の特色・強みとのバランスを取ることです。多様性とは、男女比、各学生の望む専門分野、出身地域、人種比、親の所得階層の幅、出身高校の種類の幅、高校の学年での順位（トップ五％、一〇％、二五％など）、留学生数などです。

2 アメリカの大学教科書

教科書が授業の成否を左右する

アメリカの都市や町へ行くとき、私はできるだけその土地の大学を訪ねるようにしています。その際、大学図書館と大学の書店の二カ所へは必ず行きます。

大学図書館では、入っている学術雑誌の種類と数を見て、ITアクセスを調べます。大学の書店では、教科書コーナーへ足を運びます。教科書コーナーには、その学期で使われる、すべての学部のすべての科目の教科書がびっしりと並べて積まれており、棚には、授業科目名、講師の名前、教科書名、副読本、売り切れた本はいつ入荷するか、などが書かれたカードが整えられています。それらを眺めて書棚の間を歩き、本を手に取って、先生方がどんな授業をするのか、シラバスの組み立てはどうなっているのか、学生への課題はどうするのか、論文提出はあるのか、などを想像するのはとても楽しいことです。

時には床に座り込んで読みふけることもあります。こんなに楽しい時間の過ごし方があるとは、ハーフタイム（週二〇時間勤務）で教え始めたときには知らなかったし、フルタイムで自分の授業を始めたときにもわかりませんでした。後になって、三つ目のリベラルアーツ大学で教えるようになり、ようやく教えることの楽しさと恐ろしさがわかるようになった気がします。なぜ、毎学期、授業開始の一週間前から大学の書店に教科書や副読本の山ができるのか、それにどのような意味があるのかが、その頃になってわかってきたのです。

アメリカの大学において、「授業（科目）」は、「コース」や「クラス」、または「ティーチング&ラーニング（teaching & learning）」と言います。学部レベルの授業では、「講義（一方通行の講演）」だけのものはほとんどないと言っていいでしょう。教員が教え、学生が学ぶだけではありません。学生はほかの学生に教え、教員にも教える。教員が授業を通じて学ぶことも大いにある。そういうプロセスが大学全体で推奨されているのです。

アメリカの大学で教えていて、教科書の選択にはとても気を遣いました。それは何よりも、採用する教科書の善し悪しが、シラバスと共に、その授業の成否を大きく左右するからです。その第一の理由は、教科書の質に対して学生が敏感に反応することです。学生からポジティブな反応があることは少ないのですが、それほどでもない教科書を使っていると、「わかりづらい」「どう読んでも理解できない」というネガティブなコメントが必ず来るのです。すると、特定の学生の勉強不足のせいではないことが見えてきます。

第二の理由は、その科目の目的、レベル、学生の準備などに対して適切な教科書を使っていないと、教員は翌年度の雇用契約を得られないかもしれないからです。特に、テニュア審査（終身雇用の可否を決定する全学委員会による審査）前の教員の場合は、二年間でもそのようなことを続けてやっていると必ずクビになります。テニュア・トラック（順当に進めば将来は終身雇用の「教授」へ通じる約束の助教）の雇用でも、そうでない助教の人でも、毎年の学生の授業評価が悪いと、翌年の雇用契約更改はないということです。それは、大学学部での授業では、学生の理解を助けることが教員の最大の任務・役目だからです。大学全体で、学生の学習体験を大事にするさまざまな仕組みがしっかりとできているのです。ティーチング（学生の理解、授業の質）を重視する大学では、教員はそのために雇われているのです。

アメリカの大学における授業で、教科書が大事な理由はほかにもあります。実験や学外授業、フィールド・ワークなどを中心とする科目以外では、すべての科目で何かしらの教科書を使用するからです。多くの科目において、出版社から多彩な教科書が出ており、その多くが良質で使いやすくできています。多くの教員は、教科書を選んだ上で、さまざまな種類の副読本を組み合わせ、自分の分野での面白い科目を構築しようとします。このように、授業をより良いものにしようという教員の意欲・モチベーション、大学からの要請（評価）、そして学生からのフィードバックが、質の高い大学ほど、システムとしてうまく働いているのです。

教科書の使い方は教員採用の一基準

大学全体の教員の質は、大学の命運をも左右します。そして、その要《かなめ》は授業の質であり、使用する教科書・教材の質にあるのです。さまざまなファカルティー・ディベロップメント（FD と最近呼ばれる授業改善のための教員の能力開発）のプログラムで、新しい分野の授業に挑戦する教員への援助や、チーム・ティーチングの取り組みを進めたり、授業改善の仕組みを考えたりします。教員の全般的な能力向上は良い授業をするための必須要件です。いかに良い授業をし、いかに学生に学ぶ意欲を起こさせるかが重要となります。良い教科書の選択と適切な副読本、練習問題集などの組み合わせは、その大切な要素です。

新しく教員を採用する場合、研究業績はもちろんですが、どの分野・レベルであれ、教育実績、つまり、最近の授業評価の記録を見ないで採用することはあり得ません。学生の授業評価のまとめとシラバス、どの教科書を使い、どのように学生にわかりやすく教えたか、どのように授業を組み立てたかは、新任教員の採用時ばかりでなく、昇進やテニュア審査でもきわめて重要です。

私が初めてフルタイムで教え始めたとき（ケニヨン大学）には、その前年に四つの大学でポジションを探し、書類を出して面接を受けました。一九八五年から別の大学で教え始めたときは、その年の一月に、六つの大学から面接に呼ばれました。その後、アーラム大学で職を得たときは、前年の秋から一五〇通以上の手紙を出した中から合計二五の大学と接触したのですが、ほぼすべての大学の面接で、授業における教科書とシラバスについての質問が出ました。私が何を考え、何を重点にし、いかに学生を大事にしているか、どう考えているかを知りたいのです。アメリカの教員は、良い教科書、使いにくい教科書、自分の好みに合った副読本などについて議論するのを好みます。

ある年、カリフォルニア州アナハイムで開かれたアメリカ経済学会の年次総会では、私は三日間ホテルに缶詰で一五人の面接をしました。アーラム大学に、翌年の秋学期からの教員を一人補充するためです。政治経済学と労働経済学を教えることができ、国際研究でも有用な役割を果たす人が、アシスタント・プロフェッサー（日本の助教に当たる）のレベルで必要でした。研究に関する専門分野の面談項目以外に、現在のポジションではどの教科書を使ってどのように授業を進めているか、今後はどのように進めたいかを尋ねることは、必須の確認項目でした。この面接時の情報を学部に持ち帰り、ほかの教員と一緒に候補者絞りの次の段階へ進むのです。教科書の使い方を聞くと、その人の授業がわかります。教科書選びはとても大事な役割を果たしているのです。

アメリカの教科書にはさまざまなものがセットとして付随してくるので、それらも選ぶ参考にします。教師用のインストラクターズ・マニュアル、教師用の問題集（解答例付き）、学生用の問題集（解答ヒント付き）、箱入りのＯＨＰシート（映写して使うプレゼンテーション用資料）集、資料を収録したデータＣＤ、事例集別冊子などが、教師用、学生用にそれぞれ用意されており、授業に採用するとそれらを自由に使えるため、教員にも学生にも便利です。最近では、教科書用のウェブサイトが充実しています。

教科書以外では、副読本、練習問題集、重要参考文献論文集などが、大学院、専門大学院などでは欠かせません。各出版社は、大学教員の必要性をにらみながら、それぞれ得意な分野で、教科書の補完物となる良い副教材を出してゆくのです。たとえば、国際関係論などの分野では、世界の主要な雑誌、論文、新聞記事や論説から、学生にもわかりやすいものや重要なものを編集して出版しています。これは教員にとってはとてもありがたい、有用で意義のあるものです。

『フォーリン・アフェアーズ』誌を出しているCouncil on Foreign Relations社は、教科書専門の出版社ではありませんが、面白いサービスを提供しています。大学教員が教えている科目に応じて、同誌に掲載された関連のある論文を集め、簡易製本したものを必要な冊数（クラスの学生数）だけ作り、実費で送ってくれるのです。これは版権と複製の問題を一挙に解決する便利な方法です。私も「日本経済論」を教えたときに使ったことがあります。過去の論文をバラバラに集めて学生に読ませるよりも、はるかに効率的です。宿題にも使えるし、学生の討論にも良い材料となりました。

ところで、教員採用といえば、私には苦い思い出があります。

当時、創立一六〇年になろうとする、全米でも質の高いリベラル・アーツ&サイエンス教育のケニヨン大学で（ノン・テニュア）教員の募集があり、書類審査と厳しい面接の後、幸運なことに私にオファーが出ました。それは、オハイオ州立大学での助手時代の同僚であり、ケニヨン大学に二年前から助教として雇われていた、スペイン人のパコ・バタラーの援助と助言のおかげでした。面接の仕方、され方を教えてくれ、自分の売り込み方も叩き込んでくれたのです。

その後、テニュア・トラックで空席ができました。「この大学に一生涯勤めても良い」と決めて応募したのですが、半年に及ぶ選考の結果、私は二位にしかなりませんでした。別の人にオファーが出て、決まってしまったのです。自負心は打ち砕かれ、とても悔しく残念な経験をしました。それでもそのとき、「自分の強みを伝えるには、もっとはっきりとポジティブに売り込みをかけないと誰も注目しない」ということも学びました。

激しい市場競争が教科書の質を高める

アメリカの大学教科書の質には、出版側である教科書業界も大きな役割を果たしています。良い教科書、売れる教科書を多く出す出版社は、版を重ねてより儲かるし、名声も高くなります。大手出版社のいくつかは、それぞれ教科書部門を持っており、ほかの部門の赤字を教科書部門の黒字で埋めることができるのです。ほかの物価に比べると、教科書、書籍類の価格は、アメリカではとても高額です。分野にもよりますが、一〇〇〜一五〇ドルもする教科書もざらにあります。学生は毎学期、三〜四科目取ると、教科書代に高額な支出をすることになります。

学生は学期が終わると、使った教科書を大学の書店に売ります。書店は、ぼろぼろになっていなければ買い上げて、次の学期・年度用の中古本として、次の学生に売ります。また、各大学の書店間で流通、交換されます。出版社側では、中古の教科書ばかりが出回っては困るので、著者と相談し、「最新の時事問題をより多く取り入れた」「新しいトピックを扱う」「より学びやすい工夫を凝らした」「最新の理論を紹介する」などのキャッチフレーズをつけて、三〜四年で新版を出します。その際に、さらに売れるかどうか、使われる教科書かどうかの判断がなされるのです。

アメリカの大学の教科書出版については、「出版社の徹底した対応」に触れなければならないでしょう。出版社は地域ごとに教科書担当の広報・宣伝の専門家を雇っており、彼らは年に一〜二度、担当地域内の大学を訪問します。教員に教科書の見本とカタログを渡して新版の説明をするだけでなく、教科書採用予定の開講科目名を尋ねて回り、教員用に無料で配布する教科書の注文を取ります。教科書カタログは、分野、入門・中級・上級などのレベル、専門の細かさ、総合性などで分類されており、とても見やすくなっています。良い教科書を探している教員の要求に対応しているのです。

このように、アメリカの教科書は、大学教員側の「良い授業をしよう」という需要サイドと、出版社側の「良い教科書、売れる教科書を出そう」という供給サイドの相互作用がうまく機能しています。それが、授業の質と学生の学びの向上につながっているのです。さらに、それを支えているのは、大学間の競争という仕組みと、各大学が学生を四年間厳しい中にも満足させてきたそれぞれの特徴と伝統であると私は考えます。

日本の大学教科書は、多くの場合、教員が研究者としての研究成果をまとめた学術刊行物となっています。そのため、授業で使うと、教員にとっても学生にとっても不満が残り、消化不良のまま学期が終わると言われます。日本でも、学生の学びのために書かれた教科書が最近は増えてきていますが、質の高い教科書がもっと出回り、教科書市場が広がることが望まれます。


私がフルタイムで教えるようになって最初に担当した科目は、比較経済体制論、財政学、経済学原論の三つでした。履修学生数はそれぞれ、八人、一六人、三二人で、比較経済体制論と財政学は七五分授業で週二日、経済学原論は五〇分授業で週三日でした。次の春学期の私の担当は、数理経済学、日本経済論、経済学原論の後半部分でした。初めてフルタイムで教えるので工夫を凝らそうとしました。何人かの先輩教員に、シラバスの作り方、授業計画の立て方、宿題の出し方、成績のつけ方などを教わりに行ったのです。

それまではオハイオ州立大学でティーチング・アシスタント（ＴＡ）をしていたので、グループで教えることも、一人で授業を持つことも、自分なりのシラバスを作って授業計画を立てることも経験してきました。

しかし、教師としてフルタイムで教えることへの同僚からの期待は大きく、自分でもしっかりとした授業をしたかったのです。オハイオ州立大学での一〇週間のターム制（秋、冬、春の三学期制）から、ケニヨン大学での一五週間のセメスター制（秋、春の二学期制）へと授業計画を変えるのは容易ではありませんでした。しかも、全米から集まった、優秀で意欲ある学生相手に、これだけ幅広い分野でしっかりとした授業計画を立てなければならないのですから、その大学で長く教えてきた先輩教員の助言は必須でした。

経済学原論の教科書の選択にはとても悩んだものです。プロフェッショナルとして初めて自分の教える授業科目なので、なんとか自分の特徴を出したかったのです。経済学の典型的な原論（「プリンシプル・コース」という）の教科書は、いくつもありました。一番有名なものは何と言っても、ポール・サミュエルソンのものです。これは絶対間違いありません。私も学部学生の頃、たしか第三版のペーパーバック（マグロウヒル好学社）を四苦八苦しながら一部読みました。ほかの教科書も一渡り見てみましたが、どれもそれほど私には説得力がなかったのです。

ちょうどその頃、プレンティス・ホール社から出された、新しい経済学原論の教科書が目につきました。ハードバックで約六五〇ページあり、四人の共著者は皆、ミシガン大学の教員で、一人はかなり有名なマクロ経済学の理論家でした。ざっと見たところは良さそうでした。文章の説明や、グラフ、図の説明もしっかりしているように見えました。そこで、この教科書を私の経済学原論の授業で一年間使ってみることにしたのです。

しかし、しばらくして、この教科書は使いにくいということが明らかになってきました。基本的な概念の説明が丁寧ではなかったのです。現実問題への応用、例示や各章末の問題例なども足りませんでした。もちろん、学生用の練習問題集や、教師用のティーチング・マニュアルも送られてきましたが、それほど使いやすいものではありませんでした。

マクロ経済学の部分は何とかなりましたが、ミクロ経済学の部分では、消費者理論、企業理論、そして市場での需要と供給、一般均衡論を述べてさらに市場構造などへと進む際の説明の構造がスッキリしていなくて、学生にぎくしゃくした感じを与えるものになっていることが見えてきました。さまざまな概念を、それらの歴史的意味や、ほかの理論との関連などにも触れながら教えるには、この教科書は不十分でした。私は当初想定した以上に、計算問題などの配布物を追加で作ることになりました。

この教科書を一年間使った後、翌年は別の教科書を採用することにしました。今度はうまくいきました。そして、三年目の準備をしていたとき、先述した、最初の年に使用した教科書が、もう出版されていないことを知りました。厳しい市場競争がこの本を淘汰《とうた》したのです。全米でこの本を教科書として採用する先生の数が大幅に減ったのでしょう。出版社がもう儲からないと判断して絶版にしたのだと思われます。書き改めて第二版を出すということもしなかったのです。

こんなに早く絶版になる本があるとは思っていなかったので、教科書の市場競争の激しさに驚いたものですが、実際に授業に採用した者としては、絶版は十分に納得できるものでした。採用・昇進などの人事や業績評価の厳しさは既に知っていましたが、教科書市場での厳しさと激しさを、そのとき実感しました。

ここでは、教科書から見た授業の様子を見ましたが、この章で触れた、いくつかの教科書と授業のつながりは、良い授業をする上で、互いに別々のものではありません。大きな仕組みの中で、それぞれが支え合っているのです。

たとえば、良い授業をする教員を表彰することは、単独では良いことであるに違いありません。しかし、そのほかのさまざまな要因が共にうまく働かなければ、全体の授業の向上にはつながらないかもしれません。教科書も良いものだけが出てくるのではないかもしれません。教科書市場の売り手と買い手、すなわち、著者・出版社と教員・学生の間で、教科書の内容、質、価格に対する敏感な反応が必要条件となるのです。

良い授業をし、学生を育てることが、大学内、大学間、社会でもきちんと評価されなければならないでしょう。アメリカでは、そのためのシステム、仕組みが機能していると言えます。

3 アメリカの授業の具体例

小クラスで多様な学びの重要性

アメリカの大学の授業は、今や、どんどん「講義」から離れています。大講義室で何百人という学生を相手とした、一方通行の講義はもうはやらないと言ってよいでしょう。実はアメリカでは、三〇年以上も前から、大学の評価、ランキング付けのための一指標として、すべての授業科目数に占める小クラス（小さな教室での授業）の割合が入っています。学生はその割合の高い大学を目指します。高校の進学カウンセラーや親はそういう大学に行くことを勧めるのです。

一時限分の授業を一人で喋り、時々黒板に書き、その合間にまたお話しする、という形式の講義は、英語では、「トーク&チョーク（talk & chalk）」と言って揶揄《やゆ》されます。そのようなやり方をすべての授業でやっていたら、アメリカの大学ではテニュア（教員の終身雇用）は絶対にもらえません。つまり、昇給、昇格、昇進などおぼつかないどころか、翌年の雇用契約さえも疑わしくなるのは確実です。

ここでは、今述べた教育改革の試みの例として、私が実際に行った授業を、三つ紹介しましょう。

異なった専門分野の教授との共同授業

政治学の教授と二人で新しい科目を設計し、授業を開講しました。今から思うと壮大な科目名にしたと若干気恥ずかしく思うのですが、「アジア太平洋の政治経済発展」としました。マリア・モーガン（Maria Chan Morgan）教授は、香港出身の政治学教授で、あるとき私に「二人で新しい科目をチーム・ティーチングしないか？」と持ちかけてこられました。大学としては開講科目数が一個減るのですが、大学の教務担当副学長でもあるディーンは、我々二人とも教育担当科目数を増やさなくて良いと認めてくれました。一科目を同時に二人で教える、新しい科目の開講に許可が出たのです。

結局三年間、この科目をチーム・ティーチングで教えたのですが、とてもきつかったと同時に楽しかったです。大学内でも評判の科目となりました。毎週二人が出て、解説・短い説明と議論、討論の引っ張り役をします。課題説明以外の部分では、二人とも学生の議論の中に飛込んでいき、疑問を出したり、答えたりしました。

あるとき、前もって打ち合わせをしておいて、モーガン教授と私で学生の前で論争を始めました。お互い相容れない意見を、喧嘩に近いところまで強く言い張ることにしておいたのです。学生はびっくりした様子で見守っていましたが、その日は言い合いをして授業を終わらせました。次の回には、その論争から学生が何を学んだかを発言させ、議論させました。成績は、ターム・ペーパー（期末レポート）を提出させ、二人ですべて読んで、合議で決めたのですが、学生が大いに学んだことは、ターム・ペーパーの授業評価欄からもうかがえました。「アジア太平洋の発展の分析と解釈」という同じテーマでも、経済学からの観点と政治学からの観点では、時には意見や判断が異なる場合があることなどを、打ち合わせの上で論争までして目の前で見せたわけです。同じ話題に対して、私とモーガン教授とでは全く違った見方を同時に提出して見せた、その効果は大きかったことでしょう。学生にはその学びが、大きな経験となったはずです。

時事問題に合わせた授業の変更

ある年の秋学期の「経済発展論（Economic Development）」は、従来とは科目の内容を大幅に変更して開講しました。教科書は学期初めの三分の一で読み終えて、残りは飢饉について皆で研究するという設計にしたのです。当時、ソマリアで大きな飢饉が起きていました。なぜ今、ソマリアで、そのような大きな飢饉が起きるのか。興味をそそられた私は、「飢饉の研究」を内容とする経済発展論を設計したのです。学科主任のクロウス教授は、私のアイデアに賛成し、応援してくれました。

「食料はあっても飢饉は起きる」「食料の不作や干ばつがあっても飢饉にならないこともある」など、興味深いことがわかってきました。ソマリアには食料はあり、倉庫に保管されていましたが、部族対立の道具として使われていたのです。それが輸送途中で奪われるなどして、食料不足の村、対立する部族の集落に届けられないという事態が起きていたのです。

国連に資料を頼み、カナダなど外国の通信社から情報をもらい、図書館の参考課の職員にも手伝ってもらって資料を集めることにしました。授業で学生と一緒にこれらの情報を集め、分析すると、それまで見えなかった現実が続々と見えてきたのです。学生は興奮し、私は冷静に努めますが、私も興奮すると、学生はもっとワクワクするという授業でした。

この授業には、経済学専攻ではない学生も含め五人集まりました。五人の学生はそれぞれ素晴らしいターム・ペーパーを書きました。途中で、私は一人ひとりと一緒に添削や追加資料の検討などを行いました。私はとても良い授業をさせてもらいましたし、学生が得たものもとても大きいと信じています。この授業で行った研究は、ファカルティー・ディベロップメント（ＦＤ）活動の一環として、のちに私の論文も含めて論文集として印刷してもらいました。その費用はＦＤ予算から出してもらったものです。

学生との共同研究を学会で発表

アーラム大学がフォード財団とナイツ財団からの外部研究資金を獲得してきました。その目的は、大学も同額の研究資金を出して、教員と学生が共同研究をすることでした。それを通常の授業を通して行うのです。既存のどの科目でもかまわないので、教員がそのように科目を設計し、集まった学生に説明した上で、一学期の期間で達成できる研究目標を立てます。授業の時間数だけでは足りないので、授業時間外にグループで集まって研究、調査、文献の検索やアンケートの実施、実験などを行うことも必要です。

私は、「日本経済と産業政策」という共同研究科目を設計しました。学生が五人、この授業に集まりました。日本経済の現状から検討を始め、産業政策が成功する条件、失敗の事例、産業と政府の関係、財政政策・金融政策と産業政策の関連などについて文献を読み終わった後、私も含め六人でそれぞれ分担しながら六本の論文を書き進めることにしました。産業政策のフランスでの状況、アメリカではどう評価されているのか、イギリスではどうなっているのか、それぞれ特定の産業を取り上げ、検証することにしたのです。

最後に、六本の論文を一つの大きな論文として取りまとめました。これを全米日本経済経営学会の年次総会に報告論文として出したところ、報告の価値ありと認められました。次の学期、コロラド州デンバーで行われた学会に四人の学生と一緒に出席し、口頭発表をしてきました。このときの飛行機代、ホテル代、学会の参加費などは、大学のこの研究資金から出してもらいました。学生には、私との共同研究のみならず学会発表の機会まで与えられ、素晴らしい経験になったことは間違いありません。ちなみに、このときの学生五人のうち三人は卒業後大学院へ行きました。

これらは、講義ではありません。何と名付けてもかまいませんが、授業です。学生中心の、積極的に参加するものであって、講義形式ではできないものです。学生が自分の力を出して、学ぶための時間です。

授業時間外でも、皆が都合をつけて連日集まって議論しました。ワクワクしながら調べて、議論し、論文を書き上げていく。どこにも強制や押し付けはありません。分担と協働、リーダーシップを身をもって学びます。調査のやり方や文献の探し方など、学生が私との経験から学ぶことはたくさんあります。何に興味を持つかは学生に任せて、私は彼らが研究テーマを絞るのを手伝います。

討論と質疑と応答、反論や確認などをお互いに繰り返すことで、学生は切磋琢磨《せっさたくま》し、分析の力、発表の手順（プレゼン方法）を身につけます。四択問題や正誤問題で答えを選ぶのではありません。論述問題に答える筆記試験などをもはるかに超えた、分析や論理の能力を養う直接の場と時間こそが、大学の「学び」の醍醐味です。この経験、「学びの味」を感じた若者が将来、何かをやってくれるのです。

第4章

大学入試・授業のリベラルアーツ革命

1 大学入試への提案

大学は根本的な改革がなされていない

大学の改革が叫ばれて久しくなります。二〇〇四年には国立大学が法人化されました。認証評価などの大学評価システムも、既にさまざまなものが試みられてきました。筆者も在籍した独立行政法人である大学評価・学位授与機構（現在の大学改革支援・学位授与機構）も、大学評価の試みを日本の社会に組織付ける役割を果たしてきています。

大学入試の仕組みや、定員に対する文部科学省の規制、国立大学法人への資金の配分方式、私学助成金などもいろいろと手が加えられてきています。しかし、日本では全体として、根幹のところでは何一つ変革がなされていません。それは、大学関係者が変化を好まず、大学教育の組織・仕組みには根本的に違う形があることを知らないからでしょう。

文部科学省は、教育の現場を知らないまま、外国の大学の制度における用語だけを取り入れて、無理矢理に大学を変化させようとしているように見えます。大学側も、資金配分でニンジンをぶら下げられ、ちらつくムチを避けて、敏感に反応して変化に取り組みますが、用語だけを取り入れるばかりで、実質的には以前と同じやり方をしています。ほかの大学に後れをとりたくないし、先走りたくもないのでしょう。

受験産業、受験生の親、高校の教員などは、大学改革、入試制度の変更や大学のさまざまな種類のランキングなどの影響を見極めようと必死ですが、大学の一番大事な部分である、教育の中身・方法には誰も興味を示していません。外からはよく見えないこともあり、在学生もあまり興味を持っていません。「入試が終われば、あとは就活だけだ」と考えている学生と就職担当職員が、大学の本体・中身を動かしているのが現状です。

近年日本ではやっている、学生の積極的な関わりを強調する「アクティブ・ラーニング」や、予習を授業日よりも前にさせる「反転授業」などは、世界では目新しいものではありません。日本でそういう言葉が流行する前から、本来は授業には必須の、当たり前のものであったのです。日本の大学関係者の頭の中に、学生の学びを中心に授業をするという考え方がなかっただけにすぎません。教育の本来の姿は、学生が授業に積極的に参加することです。

大学入試から英語をはずそう

英語が使える日本人を育成したいのなら、大学入試科目から英語をはずすのが最も近道だと考えます。なぜならば、「大学入試科目としての英語」が、日本人の英語能力をダメにしているからです。

大学入試科目に英語があるために、高校における英語教育が、使えない英語を教えることになっています。試験のために、指導要領で指定された単語を意味もわからず覚えるだけでは、英語を使えるようにはなりません。日本人が英語が苦手なのは、文部科学省がそうなる仕組みを作ってきたからにほかなりません。入試で「四技能」の導入などをしても、根本的には変わらないでしょう。

大学入試英語が、英語嫌いの高校生を作っています。教えるべき英単語数を高校の段階で急激に増やしているのです。それが大学入試のためというのでは、中学校では英語嫌いでなかった生徒が高校に入って英語嫌いになるのも自然なことではないでしょうか。意味、意義、使用法、関連、語源などに触れず、ただ覚えるべき新しい単語として「訳」だけを頭に入れようとしたら、いくら頭の柔軟な高校生でも反発心のほうが大きくなるに違いありません。さらに、高校入試の科目として英語があり、それが中学校の英語を面白くないものにしているのです。「外国語を学ぶことを『語学』という行政用語で呼ぶのは間違いだ」と私はいつも言っています。「言語の学習」と呼ぶべきではないでしょうか。それは以下のような理由からです。

①「語学」という学問分野は存在しません。言語学や、音韻学、英文学は存在します。

②言語は習得が目的です。それを評価するだけで十分であって、学生を試験の点数でランキングするための道具にしてはいけません。

③外国語の習得が一生涯、不必要な人は多くいるはずです。逆に、仕事として、生涯にわたって英語が不可欠な人は人口のうち何％くらいでしょうか。数％からせいぜい十数％くらいではないでしょうか。

④入試科目や試験にすると、嫌い・不得意な人を増やすだけでしょう。試験が好きな人はいません。仕方がないから受けているだけか、ある程度努力したので良い成績を示すために受けるかです。

⑤自分と世界を理解し、表現し、伝えるのは、母語であり、日本人にとっては日本語です。母語のしっかりした習得と訓練、熟達なしに、英語でやれというのは、「日本人としての

アイデンティティを自ら捨てよう」と言っているに等しいことではありませんか。

言語間の対応は、本質的に「多対多」の関係にあります。それを「一語一訳語」として教えることは、言語を体系として習わせる障害となるでしょう。かつて、大学入試の監督をしていたときに気づいたのですが、受験生の誰もが"We"を「我々は」と訳していました。高校生にとっての受験英語は、一対一の記号でしかないのです。日本語はもっともっと豊かな表現を持っているはずです。どうして、「俺たちゃ」や「あたしどもは」ではいけないのでしょう。

入試科目としての仕組みが、楽しく学ぶことを学生から奪っているのです。ラテン語やギリシャ語の語源を知って、言葉の歴史、変遷を学ぶのは面白いことです。children という単語も、childre や childru の時代があったことを知るのは驚きを覚えるに違いありません。salt と sausage と salary と salami がどうつながっているのか、tax と taxi との関係なども、自分で調べて知ったときの感動は大きいに違いないでしょう。水族館や水槽を意味する「アクアリウム(aquarium)」の前半部分は、元々サンスクリット語の「アカ（水）」がラテン語に取り入れられたものだという歴史を知ることは面白いはずです。語源と合成の歴史を学ぶことは、単語を一つ記憶することにとどまりません。英語には単数・複数の概念があるのに、なぜ日本語には複数形がないのか、日本語はなぜ主語を省略するのかなど、考えてみたら面白いはずです。

知識にするから、テストのために覚えなくてはいけないから、面白くなくなるのです。驚きや感動を経験することのほうがはるかに人生を左右し、豊かにするのです。自分で調べたことは、忘れろと言われたって頭に残るし、心から消すことはできません。「意味がわからずとも覚えなさい」となったら、嫌になるのは当たり前です。英語嫌いの高校生がなぜ生じたのか、徹底的な調査・研究が望まれます。「受験英語の攻略法」というような本は、何百もあると聞きますが……。

会社の駐在員やその家族にたくさん出会ってきました。「英語は嫌いでした」「英語が苦手だった私がアメリカにこんなに長くいるのが信じられません」「英語の授業はいつも嫌でした」と言う人を山ほど知っています。「それはなぜですか?」という私の問いに対する答えは、「先生と合わなかった」「授業が面白くなかった」「テストの成績が良くなかった」で尽きるようです。テストの点数が悪くてやる気をなくした生徒を非難したり、置いてけぼりにしたりする仕組みは決して良いとは思えません。先生たち一人ひとりが大変な努力をなさっていることは知っています。仕組みがうまく働いていないというのが私の考えです。

大学入試や高校入試における英語は、言語能力よりも、記憶力・論理力・理解力の代理として採用されているだけではないでしょうか。入試がふるい分けとしての役割を果たすには、論理力や理解力そのものを見る必要があります。詳しくは後ほど述べますが、そのために、入試では数学を全員に必須とすることを提案します。

良い入学試験とは、できる受験生とできない受験生を区別する働きが高いものです。

入試における英語科目は、言語としての英語そのものの力とは関係なく機能してきました。高校生は、「単語は試験に出る可能性の高いものだけを手っ取り早くたくさん覚えるのが良い」「難しい構文などは、意義がわからなくても覚えてしまったほうが良い」「文法は頭に入れておけば良い」「単語の起源や意味の歴史的変遷などは、過去問にないから不必要」などと考えるわけです。構文は英語圏の一般の人が日常的に使うものとは関係なく、文学上のものや滅多に使われないものでも、試験によく出るものを覚えておくことで点が取れて、優位になります。

文法も、普通のアメリカ人やイギリス人があまり知らないものでも、日本の試験に出るものを知っていることが重要になってしまっているのです。私が留学生としてハワイ大学やオハイオ州立大学で学んでいた頃、英語のクラスでアメリカ人の先生に、日本の英語の試験に出た文法の質問をしたとき、「そんなのは聞いたことがない」と言われた経験が何回もあります。日本の学校の仕組みの中では、それらを試験のときに紙の上で出せることが最重要です。試験に出る確率の高いものを忘れないことが大事なのです。その試験の日以後は、覚えておく理由は全くありません。理解して、納得して、使ってみようとは思いません。意味のわからない嫌な経験だったのだから、誰でも早く忘れようとします。脳がそのように働くのを止めることはできないでしょう。

日本人は、全体としてこういった仕組みにとても賢く対応してきたのです。試験科目としての英語は、入試というふるいに掛けるという目的に対して、かなりうまく役割を果たしてきたと言えます。高校や大学で、面白くもない英語を無理矢理勉強させられてきた人々は、「よくやってきた」とほめられてもいいくらいです。仕組みがそうなっているのに、「日本人の英語はダメだ」などと言う資格は誰にもないのです。文部科学大臣でも、偉い政治家でも役人でも、そんなことを言う資格はないと思っています。こういうことを言い続けているのは、受験産業の経営者やテスト実施団体の理事などではと感じています。

仕組みと異なった成果を期待するほうがおかしいのです。受験産業は、「四技能」などと言って、何か目新しいことをやるように見せかけ、「新しいことなのだから効果がある」と思わせています。しかしそれでは、受験産業は儲かるでしょうが、親や生徒の不安につけ込むだけでしかないと私は思います。仕組みの準備不足のため実施が見送られたのも不思議ではありません。

大学入試科目から英語をはずしても、日本人の国際理解力は後退しません。日本人の英語力も低下しないでしょう。英語を含めた多様な言語を完全な選択制にして、生徒・学生が自ら自由に選べるようにしたほうが、楽しく、上達が早いに違いありません。入試用の「お勉強」は学習意欲を壊してしまいます。

社会（学校）の制度が人間（生徒）の可能力を潰していると言わざるを得ないと私は感じています。

数学を必須にしよう

明治以降、日本に資本主義と民主主義という考え方が入ってきました。日本人は、それらを日本の社会に合うように工夫して吸収しようとしてきましたが、結局のところ、純粋な知識としての理解だけで受容してしまったのではないでしょうか。

競争や個人という概念が希薄な日本では、「競争」の意味が理解されていない資本主義、「個人」のない民主主義でしかなくなっていると考えます。それは、個人一人ひとりの知性に訴えることなく、社会の教養にも、文明としての基盤にもなり得ません。

日本の教育界では、「学力」というものが定着しています。学力とは「学科別の筆記テストで測れるもの」というのが、概《おおむ》ね の合意でしょう。私はこの考えに、根本的な疑問を投げかけます。

日本の学校教育における「学力」は、より良い人生やより満足できる社会を作る力とは関係ありません。なぜならば、序章で見たように、人間の可能力はきわめて多様で、科目の筆記テストで測れるものはきわめて狭いものにすぎないからです。英語の試験にリスニングや実技試験を入れてみても結局は同じでしょう。そういったテストは、以下のような種々の側面を見ることがきわめて苦手だからです。

①他人と一緒に働いて、プロジェクトの成功を促進する能力
②人々や社会の問題・課題を見つける能力
③歴史を知って、将来を考える能力
④音、形、色、身体の動き、自然の変化などから意味を汲み取る能力

⑤自分の考えを人に伝える能力
⑥他人の意欲、意図を理解する能力
⑦ある仕事を完成、達成、完遂させる能力、努力を継続する能力

つまり、「自分自身を発見する能力」であり、世の中の動きが「なぜ、いかにして」そうなっているかを判断する、その全体の力です。

「学力」は、与えられた分類体系の中で、欠けているものを見つけたり、事実の整理をしたり、関連を見つけたりする分野においては、適していると言えるかもしれません。しかし、社会でまさに重要なのは、むしろ、分類体系があらかじめ与えられなくても、人と協力してそれらを行う力ではないでしょうか。

「この二十数年で、大学の入試は大きく様変わりした」と言う人々がいます。私には、全くそうは見えません。ＡＯだ、(何種類かの）推薦だ、一般一期、二期、三期、留学生、社会人、帰国子女などといって、枠を作り、入試の種類と数は確かに増えましたが、根本的に入学者選抜のための「学力」試験であることには変わりありません。適性検査とか、ほかの名前で呼んでみても、やっていることは全く同じです。

最近では、かつての「ＡＯ入試」を「総合型選抜」、かつての「推薦入試」を「学校推薦型

選抜」と呼ぶことにしたそうですが、中身は以前と同じです。「入試」という言葉をやめて、「選抜」としたのは、文部科学省が実態に合わせた言葉を使うことにしたという意味では、少しは前進です。

日本の「ＡＯ入試」というのは、第3章で見たようなアメリカのアドミッションとは全く関係のない、一種の入試方式となっています。ＡＯとは本来、入試をせずに、入学者を選抜する方式なのに、「試験科目が一科目で面接が必須」というだけのやり方のことを指しています。筆記テストでしかなく、その中身も、基本的には事実や知識を問う記憶力を見るものであって、理解力を見るものとはなっていません。感性でさまざまな答えが出せる、発揮できるようなものではないのです。「正解」があって、それを書かなければ点にならない、正か誤だけで点が決められる、そういう問題ばかりです。

そのような「学力」を測る試験はスッキリと廃止してしまい、本書で述べてきたような、従来とは完全に異なる入学者選抜方式を提案します。この方法で入学者を選抜したほうが、教育のしがいがある、四年間の大学教育でグンと伸びる学生を育てることができると考えます。その結果、自信を持って社会に出してあげることができます。

もし、「学力」を測る筆記試験をスッキリと廃止できないのであれば、先ほど述べたように、英語の試験はやめてしまい、その代わりに、すべての学部・学科で数学の試験を必須とすることを提案します。論理的思考力を測る問題を出せば良いのです。数学は、人が世界を理解するための「共通言語」ですから、その訓練はあらゆる思考の基礎となります。

高度の数学でなく、中学卒業か高校一年生程度の数学で良いはずです。公式などは、問題の横に与えておいて、それを使う問題を出せば良いのです。定理などを導き出す筋道を述べさせれば良いのです。途中で計算間違いなどがあっても、論理が合っていれば減点しなくて良いでしょう。同じ答えにたどり着くために、途中で複数の手順や経路が可能な問題を出し、それらを書かせるのが良いと思います。こういった能力は、理科系志望の学生だけに必要なものではないはずです。

たとえば、「入門レベルの経済学」は、どの学部を卒業してこようが、社会人として誰もがきちんと理解していなければならないでしょう。利子率の計算や銀行の仕組みの理解など、卒業の学部にかかわらず、不必要な人はいません。数学は、人文系であろうと社会科学系であろうと必須の論理力を見るのですから、全員に課すべきではないかと考えるのです。それほど突拍子もないことではないと思います。

創造力を見るのなら、解のない問題を考えさせ、どう考え、それにどう答えるかを見るのが良いでしょう。

2 大学授業への提案

四つの改革案

大学が自ら大変革をして、真の学生教育をし、時代に合った人材育成をするための仕組み作りを考えます。実現可能で本当の変革をするためのアイデアを、日本の大学、大学関係者に提起します。私の考える案は、次の四つから成ります。それらは、大学運営の枝葉のような小さなことではなく、学生教育の根幹に関わるものです。

①「講義」をやめて「授業」をしよう
②学部・学科の枠を越えよう
③学年指定をなくそう
④週当たりの授業回数を授業によって変えよう

「講義」をやめて「授業」をしよう

「講義」をやめて、「授業」をすることを提案します。

講義とは、学生にとっては「教員の話を一方的に聞くもの」、教員にとっては「話を学生に一方的に聞かせるもの」です。現在の大学で行われている講義では、週に一回だけ、九〇～一〇〇分間、学生は教員の話を完全に聞き流し、教員の背中を見ながら黒板に書かれたことをノートへ書き写したり、あるいはテレビ録画やネットからの画像などをそのまま見せられて時間をつぶしたりしています。学生は出席して議論に加わるという意識などなく、配布されるプリントの確保にだけは熱心です。カードによる出席記録は手間がかからないため、出席もせず、友達に頼んで出席記録だけ残す学生もいます。必要を感じると、スマートフォンで黒板や文献の表紙だけを撮る学生もいますが、その後にどれだけ活用しているのか、おおいに疑問です。

このような教員から受け身の学生への一方通行の「講義」ではなく、教授と学生の双方通行、あるいは学生同士のやりとりを含む多方向通行の、学生の積極性を引き出す「授業」を提案します。

学生同士が教え合い、学び合い、教員も学生から学ぶ、その全体をプロセスとして捉える学びのあり方は「ティーチング&ラーニング」と呼ばれます。

多方向の授業とは、教員が片隅にいて交通整理をしながら、学生の学びの活動を進める知的スクランブル交差点のようなものです。討論が混乱してくると、教員はＤＪポリスのように、交通整理だけをします。発言、動きは学生同士に任せるのが良いのです。学生は自ら調べてきた上で、発言し、発表し、仲間と確かめ合い、助け合い、互いに切磋琢磨することから学ぶのです。学生自らの気づきは多くあるでしょう。自分の失敗に冷や汗をかき、ほかの学生の準備不足やうまいプレゼンから学ぶのです。これを四年間にわたってほとんどの授業でしっかりやれば、学生は「学び方」を身につけることができます。それこそが大学の醍醐味でしょう。

「それなら、演習やゼミでやっている」と大学関係者は言うかもしれませんが、それをすべての授業でやってはいかがでしょうか。

「大学とは『学び方を学ぶ』ところ」というのが私の主張です。単に知識を吸収し、受け入れるところではもはやありません。大学制度が作られた時代とは根本的に異なる、変化の激しい社会となった現代では、大学の役割も、知識の伝達方法も変わっています。従来の大学はモデルになりません。昔ながらの講義では、学生が「学び方を学ぶ」ことはできません。教え込まれるような知識、叩き込むだけの記憶は、二〜三年したら古くなり、せいぜい数年したら陳腐化してしまいます。

講義では、学生は右の耳から聞いて左の耳から放り出しても、期末試験のときに適当に書いておけば、大抵は単位をもらえます。しかしそれは、「何だか聞いたことがあるような気はするけど、何のことだか自分では説明できない」「必要ならばいつでもGoogleに答えさせれば良い」と言う学生しか育てません。

学生が「学び方を学ぶ」ためには、学生が授業で汗をかく必要があるのです。ほとんどすべての科目、授業を、「講義」ではないものにして、さまざまな工夫をすることが望まれます。

では、具体的に、授業形式はどうすれば良いのでしょうか。

さまざまなやり方、パターンがあって良いでしょう。対話型、参加型、討論型で、教員の役割は、学生が自ら問題を発見し、確認し、探究するのを助けることに徹することが重要です。宿題を出し、クイズをし、中間試験をし、小論文を出させて添削し、書き直したものを再度出させる。また個人で発表させたり、課題を小グループで考えさせて討論させ、発表・報告をさせることで、教員は役割を果たします。

必要なら期末試験をします。期末試験も、すべての授業で行う必要はないかもしれません。試験は、答えを確かめ、なぜ違っているのか、唯一の「正解」は存在しないことを考えさせることが、実は重要です。答えがさまざまにあり得る中で、この状況ではどの答えがより適切なのか、なぜなのかを議論させる、そういう授業が大事でしょう。期末試験をやりっぱなしにするよりは、中間試験を解説したほうが効果的です。

解決策を見つけるというよりは、問題の立て方、問題の所在を明確にします。そういった授業を、全科目で、毎日、毎回、毎週、行うのです。そのための道具が、教科書、映像、配布物、マイク、黒板です。映像は見せるだけ、マイクは教師が喋るだけ、黒板は教員が書くだけでは、学生の学びへの効率は低いでしょう。

確かに、放送大学やインターネット大学など、ほとんどすべての授業科目で講義形式が主体となっている大学はあります。しかし、インターネット大学のフェニックス大学は、インターネットの利点を最大限に活用し、できるだけ双方向のコミュニケーションを持とうとしています。そして、既にアメリカ各地の大学基準評価協会から認証を受けています。学生が集まる物理的な「場」を持つ既存の大学が、双方向・多方向の授業を行わなければ、その意義が疑われませんか。

「授業」では、学生がデータを集めてきて、計算し、グラフを作り、表を作り、スライドにします。仲間が作ってきたものと比較して、どれがより説得力があるのか、それはなぜなのかを議論させることが必要でしょう。授業中は、学生が喋り、聞き、書き、読んで、発表し、報告し、提案し、批評し合う時間にするのです。

もちろん、実習・実験、演習（ゼミ）と呼ばれる授業形態はあるでしょう。普通の授業と、実習・実験、演習の比率は、多様でかまいません。科目のレベルや専門、専攻、学年、学部などによって、さまざまで当然でしょう。

クラスの規模を小さくすれば良いということではありません。少人数にしても、毎回、教員が喋りっぱなしでは、講義と同じです。皆が、目と耳、口と手を使うものにしませんか。

大規模授業はどうすれば良いのでしょうか。

大学を問わず、入門科目などでは、一〇〇～二〇〇人の中規模クラス、二〇〇人以上の大規模クラスを開講せざるを得ません。私の答えは、きわめて簡単です。中・大規模クラスでは、週四回の授業のうち、週一回か二回は教員が全員に講義をして、残りの週二回か三回は、学生をいくつかの小クラスに分け、各小クラスでは数人の大学院生か助教が、解説、クイズ、例示、応用問題の議論、文章・図表・絵の作成、問題作り、宿題の回答などを行なうのです。

三年生や四年生の上級生の中から優秀な学生に担当させることもできるでしょう。これが本来のTA（ティーチング・アシスタント）です。文科省が大学にやらせているTAの仕組みとは違います。大学院生でも学部四年生でも、優秀な学生は年間または各学期を通じて、教員の補助として大学が雇うことも考えられます。

人は教えることで自分の理解が進むものです。TAをすると、大学院生であれ、学部上級生であれ、「ああ、実はそうだったんだ」「こうすれば、もっと理解が深くなるのだ」ということを自ら学ぶのです。学部学生が目の前で理解を深める姿を見て、ティーチングの面白さをひしひしと感じる経験は素晴らしいものです。目の前に一筋の光線が差し込んだような経験をする学生をクラスで持つことは感動ものです。研究者としても、ハッとするような観点からの意見が出てくるなど、将来の課題が目に見えるようになることもあります。

大学における教員の役割は、上から目線で知識を与えることではなく、学びの促進者「ファシリテイター（facilitator）」でなくてはならないと考えます（先に、交通整理係と述べました）。学生の能力を発見し、引き出し、お互いに高め合うことを進める役割に徹することにあるのです。知識の教え込みではなく、まさに、可能力の開発、発見、涵養《かんよう》のための授業なのです。

喋りっぱなしの講義を大学の世界から駆逐し、新しい時代にふさわしい実質的な学びのための教育をしようではありませんか。そうすれば、学生中心の「学び」の世界への展望が見えてくると私は考えます。

学部・学科の枠を越えよう

学部・学科というものは、教員の所属としてはあり得ますが、学生の所属としてはあまり意味がありません。大学入学時にそれが決まっていることは、むしろ不都合です。なぜなら、自分の興味、学びたいこと、得意なことからの選択ではないからです。「就活に有利だから」「卒業生が『良い』会社へ行っているから」「自分のこれまでの成績から見て合格しやすいから」というだけの理由で選んでいることが多いからです。

すべての授業を、学部・学科を問わず、すべての学生が履修することが可能な仕組みを提案します。

十八歳の時点で、一回限りのペーパーテストでふるい分けられた学部・学科に、卒業まで履修する科目を制限される理由も、必要もないと思います。面白そうな科目を取って、面白くなければその分野でのほかの科目はもう取らなければ良いのです。自分の興味のある分野を見つけ、面白い、好きな科目で良い成績を取り、自分の得意分野を見つけていく。そうやって、元来誰もが持っている一人ひとりの可能力を自ら開発します。それは厳しいけれども、楽しくないわけがないのです。

アメリカの多くの大学では、特定の専攻を除き、自分の主専攻（メジャー）と副専攻（マイナー）を決めるのは二年目の最後の学期です。大学の転校や一度選んだ学部、専攻を替えることも比較的簡単です。日本でも、入学後、さまざまな科目を履修してから、主専攻・副専攻などを自分で選択できるシステムを作れるはずです。こうすることによって、学生の希望、能力、興味と分野とのミスマッチは小さくなるでしょう。入学時でのミスマッチは明らかに減らせます。

学年指定をなくそう

学部・学科による履修可能科目の制限、指定だけでなく、授業の学年指定を完全に取り払うことを提案します。とはいえ、主専攻や副専攻のための基幹科目は、いくつか必須科目としなければならないでしょう。分野の中で上級の専門科目は、入門科目や中級科目を履修し合格した後で履修が可能になるというのが当然の順番です。分野で偏らないように、選択科目の散らばりも必要でしょう。どちらも最低限の指定で良いと考えます。

自分で選んで履修科目を決めるほうが学びになります。文系対理系という科目群、学生の区別もやめたほうが良いでしょう。しかし、学生の好き勝手に任せてもうまくいきません。「バイト先の先輩の言葉」などに惑わされないように、きちんとした指導の仕組みが必要です。学生オリエンテーションやガイダンス、教員アドバイザーの役割がきわめて重要になります。

学年が同じ学生だけの授業よりも、さまざまな年齢、学年、専攻の学生が交じっている授業のほうがはるかに活気があります。質問が出てきて、異なった意見の応酬が交わされることが面白いのです。学生同士の学びになるのを感じます。こちらの質問にも反応があります。同一年次生だけの授業では、皆静かでシラーッとして、下を向いています。日本の大学の教室では、私の経験したすべての大学のすべての授業で、学生は教卓近くを避けて、遠くコの字の形に座っています。アメリカの大学の教室では、教卓近くの前方から埋まっていきます。熱心な学生ほど、真ん中の真正面の席に座ります。取り合いです。どの授業でもそうであることを発見したとき、私の驚きは大きなものでした。

私は日本の大学の授業で、「質問をしなさい」「意見を言いなさい」「喋りなさい」と何回も言いますが、多くのクラスで、複数の学生が、出席票やクラスの応答用紙にこう書いてきました。「松井先生はいつも『喋りなさい』と言うけれど、できません。なぜなら、私たちは十二年間『授業中はお静かに』と言われてきたからです」と。これを何回も目にし、自分の授業で経験しました。日本の初等・中等教育はこんなふうに効果的であったのかと、暗澹《あんたん》たる気持ちにならざるを得ません。

一つの科目の授業に学部・学科も異なった学生がいるほうが議論が活発になりやすい。私は、アメリカでも社会人学生（アダルト・スチューデントといって、働きながら大学に通っている）が受講している科目を何回も教えたことがありますが、一番前に陣取ってとても良い質問をしてくれました。日本では、山口市や八王子市で社会人のための授業をした経験がありますが、いつも活発な議論となります。本職の大学授業では味わえない、教える楽しさを味わわせてくれるのです。

学生から質問や議論が出ると、私はすぐに直接答えるのではなく、ほかの学生に振って考えさせるようにしてきました。その考えに賛成の学生と、不賛成の学生に手を挙げさせ、「なぜか」を答えさせてから、そのあとで、私の考えを紹介して答えることも多くありました。留学生からはよく質問が出ます（長く日本にいる留学生ほど質問をしなくなりますが）。それをほかの学生に答えさせ、違った意見を出させ、論争に持ち込ませるともっと面白くなります。

オハイオ州立大学で一三〇人くらいのクラスで経済学入門の授業を担当していたとき、前のほうには経済学や経営学専攻を考えている一～二年生が多く座り、後ろのほうには数学や物理、エンジニア専攻の四年生などが陣取っていました。後ろのほうから、その日の「ウォール・ストリート・ジャーナル」の記事からの質問が出てくると、授業はがぜん面白くなります。

経済学や経営学志望の一～二年生、社会経験はあるものの経済学の基礎がない上級生、どちらもが満足するように答えるのは、生易しいものではありません。簡潔に、しかも論点を明確に、論理立てて説明するのは、良い訓練になることを学びました。うまく答えることができ、学生を納得させたとき、学生同士で議論をさせてうまくいったときなど、教師として、授業から得られる満足感が大きかったことを覚えています。

入門科目、中級科目、上級科目という履修の順番、前提科目の既履修を要件とすることは、最低限守る必要がありますが、その上で、他学部生だから、他学科の学生だから履修できないというような仕組みはおかしいと考えるのです。

週当たりの授業回数を授業によって変えよう

日本の大学の授業は非効率です。時代に合った教育をし、真の学力（学ぶ力）を身につけた人材育成をするためには、もっと柔軟にしたほうが良いと考えます。授業の柔軟性こそ、学生教育の肝だと考えます。学生の学びの効率を上げるために授業を柔軟にする以下の工夫を提起します。

科目のレベルと内容に応じて、週二日、週三日、あるいは週五日授業があったほうが良いと考えます。入門の科目や、数学、英語などの言語科目といった基礎的科目などは、週三日、週五日で、各回の授業時間は五〇分、六〇分、七五分であってもおかしくありません。むしろ、このほうが効率が良くなるはずです。すべての科目が、九〇～一〇〇分で、週に一回だけというのは、どう見ても教育効率が良くありません。毎週出席している学生でさえ、先週何をどこまで学んだかを把握している人は、決して多くないでしょう。少し古い調査ですが、アメリカの大学で、教室を出た途端にそのとき習った授業内容の六〇％は学生の記憶からなくなってい た、という報告があります。

宿題もなく、教科書も読まない日本の学生が、一週間後にフラフラと授業に出てきて、授業内容の意義や意味、内容の構造についても全くわからず、面白くもないのは当たり前ではないでしょうか。「期末試験の前日に詰め込みをすれば、単位だけは取れる」と先輩に聞いていたので、学生はそのように行動するのです。意欲のない学生を責める資格は、日本の大学の仕組みを守る人にはないでしょう。

現在の学生は、各学期に九～一二科目を履修するのが典型的ですが、週に二日、三日、五日の科目があると、当然、それは不可能となります。教員も、六科目、七科目と教えることはできません。学生は各学期せいぜい四～五科目くらいを集中して履修することになるし、教員はせいぜい二～三科目の授業担当となるでしょう。

しかし、週当たりの授業回数を増やし、学生の履修科目数・教員の担当科目数を減らすやり方でこそ、教育の効率は上がります。授業が濃いものとなって、学ぶ意味も意義も見えてきて、学生の興味が高まるからです。教員は学生の学修の進捗《しんちょく》、理解の深まりに応じた授業ができますし、学生の反応が見え、柔軟な進め方ができるようになります。

おそらく、ほとんどの大学教員は、現在の授業の仕組みが非効率だということに気がついておられると信じています。それなのに、なぜこの点の改革がなされないのでしょう。

その理由の第一は、慣習、惰性でほとんど説明されます。「現状の変革には大変な努力と時間がかかる」「今やっていることは、昔自分もしてきたことなので、変えるのは特に大変なことだ」という思い込みがあるのです。

それでも説明されない部分があるなら、日本の大学教員のほとんどが「自分は研究者・学者であって、教育者ではない」「自分の時間は研究のために使いたい」「授業という教育をしているのは、義務だから」「給料をもらうためにやっているので、できることならば時間と手間をかけず、一番簡単な方法（つまり講義）で、毎週の決められた時間をやり過ごせば良い」「成績をつけるためには、学期の最後に一回だけ試験をすれば良い」と考えていらっしゃることが、第二の理由です。

第三の理由は、週一回の講義に比べて、授業内容が濃いものとなって準備にも手間がかかるので、教員には負担が大きくなるからでしょう。そのことが見えていて、賛成する教員が多くないのかもしれません。

しかし、大学での学生の教育、学びの効率向上、本当の意味での人材の育成に取り組むのなら、こういった方向での改革に取り組むことが重要ではないでしょうか。このほうが、大学の本体、授業という教育の中身のところで学生も教員も楽しんで、反応し合い、切磋琢磨する時間を持つことができるからです。

「教師の背中を見て、勝手に自ら学ぶ学生がいればそれで良し」とする時代は、もはやとっくの昔になくなったと考えたほうが現実的です。大学進学率六〇％以上で、全国どこの大学も入学後四年で卒業する・できる学生の割合が平均で七五％程度というこの時代に、五〇年前と同じ講義方式は、とっくに陳腐化しています。

アメリカの大学は、一週間の授業スケジュールもさまざまである上、いろいろな学期の制度を持ちます。「二セメスター制（各一五週）＋夏学期（ⅠとⅡの各四週）」が多いのですが、「三学期制（各一〇週、ターム制とかトライメスターと呼ぶ）＋一月学期（四週）」などもよくあるパターンです。単位の数え方も、一学期一科目（五〇分を週三日）を履修すると一単位とする大学もあれば、同様の時間で二単位、三単位と数えるところもあります。

学生が編入学または転学する際には、成績表を提出すると、教務・学務関連事務局が、元の大学がどういうシステムをとっていたのかを調べ、単位数の換算をしてくれます。その結果、当該学生は既習科目数と単位数に応じて、いくつのセメスターを済ませてきたかを確定することになります。編入先の大学の新しい学科では、あといくつのセメスターで、いくつの科目と単位を取れば卒業要件を満たせるかということが示されるのです。年齢とは関係なく、合計で三年半、あるいは三年で卒業という学生もいます。

日本でも、学期の長さ、授業の日数、週当たりの回数をそれぞれ工夫して、学生が自由に最も望ましい履修科目を選択できる仕組みを作ればいいのではないでしょうか。


人はワクワクするような体験をし、その意義を見出したとき、どんどん成長します。私はそのような若者を何人も見てきました。オハイオで、インディアナで、京都で、山口で、八王子で。目の前に一筋の光が差し込んだような言葉、経験、思い、感じのした授業の思い出の蓄積は、本人の意識の中にはなくても、その人の残りの人生に大きな力を与えます。

これらを実際に行うのはそれほど困難ではありません。その気になれば、来年度からでも始められます。二〜三年で完成します。そうなったときの授業の風景、学生の生き生きとした学びの姿をイメージしてほしいのです。こうした大学教育を受けた人が、これからの日本、世界を背負って生きていく人材となるのではないでしょうか。

繰り返しになりますが、「学び方を学んだ」人を世に送ることが、大学の使命です。

第5章

大学の変革が日本経済を再強化する

1 選択肢拡大のために指標を増やす

複眼思考の時代

一つの指標であっても、その基礎には、人間を多面的に捉える「複眼思考」がますます重要となっています。国際比較、時系列で見た指標の変化も、その裏にある人間開発を理解するためだということを忘れてはならないでしょう。

人間開発のベースである可能力を発揮するためには、社会的制約はできるだけ小さくし、それぞれの人々が望む「より良い生きざま」を追求できるように、幅広く豊かな選択肢が、現実的に一人ひとりの目の前に提供されていることが必須です。

死ななくても良かったはずの人が死に至らされてしまったり、いろいろな能力を持つ若者、中学生や高校生がその芽を潰され、大学に入ってもその持つ力、能力が発見されず、育てることもせず放り出されてしまったりする社会。若い、高齢、女性、特定の性的指向などという、本人の意思や能力や努力とは何の関係もない理由だけで、したいことが制限されている社会。そのような状況は、社会的、政治的、経済的な非自由と呼ぶべきものです。

サッカーを思い浮かべて下さい。自信を失ったポイント・ゲッターは、ここぞというときにシュートの感覚まで鈍り、能力を活かし切れなくなるのです。背伸びをさせない日本の「世間」では、人は背伸びをしなくなります。若者に自由にハイジャンプの機会を与え、能力を引き出そうではありませんか。

人が、自分で自分の人生を勝ち取っていく。それが当たり前にできる社会では、次の三つがごく普通のこととして、家庭で、会社で、地域で、受け入れられているでしょう。

①仕事や役割を同時に二つ、三つとこなす、複線の人生・仕事を持つ。
②生涯にわたって、望む人は誰でも何回でも新たに学び直しをする、できる。
③誰もがいつでもやり直せるように、やり直しをする人をサポートする仕組みがある。

大人がこういったことを楽しんで生きていれば、次の世代はそれを見ています。児童・学生に「自ら学ぶ」態度を、自分の人生を勝ち取る意欲を身につけさせるためには、強制ではなく「自立・自律」した個人を育てなければなりません。

自由な環境の中で、多くの選択肢の中から自ら選んで試してみる「学び」が、興味を湧き立たせ、楽しく面白い「生の豊かさ」を実感させることになるでしょう。失敗から学ぶことのほうが大きいかもしれません。こういう経験を積み重ねることが重要です。社会の活力は自らの経験からしか湧き上がってこないからです。

可能力を測る複数の指標

可能力が、一人ひとりの自由の拡張と選択肢の拡大を重んじる考えであることを、序章で述べました。それを社会全体で、多様性と人間性の尊重の中で真に一人ひとりに身につけさせるには、さまざまな方式による柔軟な教育がきわめて重要でしょう。

これまでの日本の教育は、「とにかく教えて、一人前に仕上げる」という上から目線で、学校が児童・学生を型にはめることばかりしてきたのではないでしょうか。背景には、入試に備えるためという名目、親からのプレッシャー、受験産業に乗せられているという状況があります。それではいけないと考える人もいますが、結局は「成績を上げるため」「入試で成功するため」という大義名分は、多くの学校人をさまざまに苦しめてきたのです。

可能力の考え方は一人ひとりの生活に基づいた生きる力、人間力、生活水準を扱うので、本質的に多元的アプローチを取ることになります。つまり、人間や物を包括的な視点から見ており、これらを単一の指標では捉えられないことを前提としています。「学力」の考え方は、単一の指標で捉えることで、単純化された理解となっています。ただ一つの数字で示すだけで十分とみなしてしまうと、そこに、歪んだ安定志向と受け身人間の社会が生まれてしまうのです。

自由と選択肢の拡大を尊重する社会を築くため、以下では、可能力を測る指標について考えてみましょう。

国連開発計画（ＵＮＤＰ）は、アマーティア・センの主張に基づき、一九九〇年以来、『人間開発報告書（Human Development Report）』を年報として毎年発刊しています。その中で、人間開発の度合いを示す指数として、「人間開発指数（ＨＤＩ：Human Development Index）」を次の三つの指標の加重平均として算出しています。

①寿命指数（出生時の平均余命）
②教育指数（成人識字率と初等・中等・高等教育との加重平均）
③一人当たりＧＤＰ指標（購買力平価で調整）

これらの指標はそれぞれ、序章で述べた、次の「人間開発のための三つの基礎的可能力」を表す代理変数として使われています。

①長く健康な生を生きること
②知識があること
③きちんとした生活水準の達成のために必要な資源へのアクセスがあること

人間開発指数では、一人当たりGDP指標は三つある指標の一つでしかないので、ここからも、センの言う「開発」を「経済開発」と呼ぶことは全く適切ではなく、むしろ誤りであると見たほうが良いことがわかるでしょう。一人当たり所得の上昇を意味する経済成長・経済開発は、あくまでも手段の一つであって、決して目的ではありません。一人ひとりがその可能力を発揮し、望ましい生命活動を享受するためには、選択肢を拡大し、それらを自由に選ぶことができる社会の仕組みが重要であることを説いているからです。

『人間開発報告書』は発刊以来、さまざまに工夫され、改善されてきました。世界の地域ごとにデータが集められ、地域別報告書も出されています。中心となる人間開発指数だけでなく、ジェンダーに関わる指数なども開発されてきています。

しかし、人間開発指数には、「人間開発の基となる可能力をたった三つの指標だけで把握しきれるだろうか」という批判もあります。筆者は、この批判への改善策として「社会開発指数（SDI：Social Development Index）」を考案しました。人間開発指数の三指標のうち、「③一人当たりGDP指標」をはずし、新たに五つの社会的指標を加えて、結局、次の七つの指標を採用し、それらの単純平均として計測しました。

①寿命指数（出生時の平均余命）
②教育指数（成人識字率と初等・中等・高等教育との加重平均）
③五歳以下の過少体重児の比率
④一人一日一ドル以下で生活する人口の割合
⑤ジニ係数
⑥改良衛生へのアクセス人口割合
⑦国連開発計画のGEM（Gender Empowerment Measure）

これらの指標は、それぞれ次のものを表す代理変数として使っています。

①長く健康な生を生きること
②知識あること
③まともな生活水準
④貧困からの解放
⑤社会の平等度
⑥持続可能な環境
⑦ジェンダー・エンパワーメント

アジアの二一カ国についての計測例を示したのが、松井範惇・池本幸生編『アジアの開発と貧困：可能力、女性のエンパワーメントとＱＯＬ』（明石書店、二〇〇六年）の第一章です。

人間開発の観点からは、開発・不平等・ジェンダーなどの問題は単に一人当たりＧＤＰの低い途上国だけの課題ではありません。人間開発指数および社会開発指数の二番目の指標は、教育・知識の指標ですが、人々の可能力と教育の広がり・質は、これらすべての問題と深く関わっています。

単純化された一つの概念や、単一の指標、たとえば、所得（手段）で判断すると、人間開発の多様性・多面性を理解できなくなってしまいます。今では多様性（ダイバーシティ）尊重の根拠としても、こういう認識が広く共有されるようになってきています。

大学ランキングのための複数の指標

偏差値という、入学前の学生のテスト成績から作られたただ一つの指標だけで、日本の大学および学生のランキングが測られている現状は異常です。

一つの指標だけで組織や人の評価はできません。万能な評価基準などないのです。指標を複数にして、多様性に対応する仕組みを設定することが必要です。

大学を評価するための偏差値以外の指標を提案してみましょう。

①教育・授業の充実度
②学生の満足度
③研究・調査の量と質
④教員・職員の満足度
⑤大学の地域貢献度

複数の指標を用いて日本の大学の多様な側面をそれぞれの角度からランキングすることは、日本の教育、ひいては社会全体の多様性促進に有用ではないでしょうか。多種類の指標とランキングが作成され発表されていれば、学生や親も、それぞれの目的に合致する大学を選ぶことができます。大学も、自らの特徴を強めるにはどうするかという観点から、予算・資源をより効率的に使えるようになります。文部科学省も、一律の規制などはあまり意味がないと気づくのではないか、と私は考えるのです。

新しいデータを取り入れつつ、毎年、指数方式を改善する指標によるランキングもあってよいでしょう。データは部分的に毎年新しくするものの、指数・指標の方式は二年から三年で改定が必要となるものもあるかもしれません。指標の目的、データの入手具合、および指数方式改善との整合性の三者と、どこまで厳密に実施するか、そのためのコストへの配慮との突き合わせが重要となるでしょう。

以下、これらの指標を簡単に説明しましょう。

①教育・授業の充実度指標

これは教育そのものを重視する指標です。

・全科目数に占める少人数科目の比率
・男女学生比率
・学生対教員比率（一〇以下だと学生は教員へのアクセスが高いと言えるが、五〇以上だと学生だけがキャンパス内で泳いでいるようなもの）
・授業に十分満足し、楽しんだ学生の比率（各授業科目で各学期、毎年調査する）
・入学後、二年以上在学している学生の比率
・入学後四年以内、および六年以内に卒業していく学生の比率

などが重要でしょう。

また、授業のタイプでは、次のようなさまざまな工夫が考えられます。

・授業時間、日数のうち半分以上を、議論・討論などの学生参加型にする授業の比率
・チーム・ティーチング、校外学習（見学、実習、インターンなど）、実験、演習、グループでの学習を多く取り入れている授業の比率

この指標の目的は、学生の学び・学修の充実度であるので、それらを表すさまざまな三～五の枝指数、または二〇くらいまでの細分インデックスを集め、それらを加重平均し一つの指標とすることが考えられます。

②学生の満足度指標

この指標は、学生の大学生活全般での満足度を測るものです。

・キャンパス内、近隣における学生の生活、通学、施設の充実度
・保健・体育・健康施設
・教室の机や椅子の心地よさ
・教室内での出席者の間での声の聴きやすさ
・教室の映像やその他の設備
・図書館やその他の関連設備、食堂や売店の充実度
・さまざまな学生への相談のしやすさ
・サークル活動の種類と数の充実度
・卒業後を目指したさまざまな学生対応の充実度

などが考えられるでしょう。最近は、同窓会活動に関してどこの大学も職員を多数つけて力を入れています。アメリカの大学では、卒業生のうち何％が大学基金（エンダウメント）に寄付をしているかは重要な指標として採用されています。

③研究・調査の量と質指標

この指標は、多くの世界的な大学ランキングにも使われていますが、研究者・学者としての大学教員の研究の成果を測るものです。図書、学術書籍として出版されたものや論文として一流の雑誌に掲載されたものだけではありません。ほかの研究者から引用される頻度、重要参考文献として参照される度合いはサイテーション・インデックス、学術雑誌の評価はインパクト・ファクターなどとして既に指標になっているので、比較的容易に採用することができます。

出版物や論文の数だけでなく、学会発表、国際学会での報告、討論者としての議論参加なども、この中に含められるでしょう。これらは、単年度だけでは成果が見られないものも多くあるので、最近の三年間、五年間のものとするほうが良いでしょう。

大学全体で、研究成果の出版物の学問分野別分布、つまり人文科学、社会科学、自然科学ごとに成果の分布割合を指標化することも役に立つでしょう。分野をまたがる場合、新しく分野を立てても良いでしょう。情報関連分野、国際政治経済文化分野、医学生理学分野などです。どの分野の研究成果が多ければ良いとか悪いとかを問うのではなく、大学の特徴を捉えるために有用でしょう。各大学がそれぞれ目的とする、自らの特徴の通りになっているかがわかるので、学生、入学志望高校生とその親、高校教員は参考にすることができます。

この指標も、一つに限ることはなく、大学の規模別、種類別ごとにさまざまなランキング表を作ったほうが良いでしょう。大規模のさまざまな分野で博士課程の学生を数多く抱える大学と、小規模で、博士課程を持たないリベラルアーツに重点を置く大学とでは、同じ研究のランキングシステムで比較することはあまり意味がないでしょう。

④教員・職員の満足度指標

・サバティカル制度（一定期間、大学の外で自由に研究できる制度）の有無
・サバティカル申請可能になるまでの勤続年数
・職位ごとの女性教員比率
・職員の男女比率
・産休・育休制度の利用者の割合
・研究費の配分・獲得の容易さ

・外部研究費獲得のための支援制度の充実度
・常勤教員の比率
・三年以上続けて勤務する職員の全職員に占める比率

などが考えられます。教員・職員にとって、職場の環境が働きやすさ、生きがいを大事にする場になっているかを、いくつかの指標で測り、それらを合成して指数を作るのです。

⑤大学の地域貢献度指標

世界には、特定の地域にキャンパスを持たない、インターネット上の大学もありますし、学生が四年間にわたり世界各地を移動していく大学もあります。しかし、生身の学生、教員、職員が実際に会う大学では、共に暮らす地域の人々と関係なく大学コミュニティの暮らしの質が保たれることはありません。むしろ、地域から学び、大学が地域の役に立つ存在であることが重要です。学生が地域内から来る割合、卒業生が地域で職を得て、仕事を創っていく割合は大事でしょう。

・全開講授業数のうち、地域との関連をテーマにするものや、地域の人々との協働のものな

どの割合
・地域の活動、委員会、特別調査委員や諮問委員などをしている教員や職員の割合
・大学が持つ特別組織（事業会社や特許の権利保持会社）に、地域のビジネスや人々が関わっているか

これらの枝指標を組み合わせ、地域との関わりの度合いを評価する指標を開発するのです。ただし、ここでいう地域とは、行政上の市町村や都道府県に限る必要はありません。日本では都道府県が一次的な地域と言えるでしょうが、広域での連携や協働は、大きな役割を果たします。広域での学外との共同活動などでどれだけ成果を出しているかという指標を工夫することは大事です。

以上で五種の指標ができ上がり、偏差値指標と合わせると六種のランキングが可能となります。それぞれの指標は、その中に大分類の指数と、さらにその中に小分類の指数を持っているかもしれません。原データの収集はかなり大きな仕事となるでしょうが、各大学は既にそれらのデータを持っています。指数の専門家から見れば、それらのデータを比較可能な形で提供されれば、指数化する作業はそれほど問題ではないでしょう。ただし、共通に定義された原デー

タを集めることに困難が生じるかもしれないので、この点の調整は重要でしょう。

アメリカでこれらのランキング、指標作りを行っているのは、雑誌の出版社、大学紹介の専門図書編集機関であったりします。有名なものでは、*U. S. News & World Report* という週刊誌が毎年出している、さまざまな観点からの大学紹介とランキングがあります。大学の種類別、規模別、学位のレベル別、大学院の専門別にランキングを作成し、トップの数校は特別記事で新しい試みや学生の取り組み、教員の先端的研究、キャンパス内学生寮の生活のユニークな側面などを紹介しています。

だいぶ前になりますが、筆者の知り合いのシカゴ大学ビジネス・スクールの教授は、「最近は学生の授業評価が厳密になり、翌年の給与契約に影響を与えるようになった」と述べていました。そして、全国の大学院ビジネス・スクールのランキングで一位だったのが三位に落ちたときは、全学を挙げてさまざまな対策が採られたことを話してくれました。特に、寄付をする卒業生の割合と金額を上げようと、ディーンはじめ多くの教員が駆り出されたと言っていました。ランキングは、単なる作成と公表だけでなく、大学間の競争、学生設備の改良や教員の質の向上などに、実際に使われることが重要なのです。

2 社会の流動性と競争が経済力をつける

リベラルアーツの教育を受けた学生が社会を活性化する

可能力を伸ばす方法を考える「可能力アプローチ」を採用すると、人間教育にはリベラルアーツがふさわしいということが見えてきます。社会の開発とは、とりもなおさず人間開発のことであり、その教育の側面はまさに人間教育であることを論じてきたわけです。可能力を中心とした人間理解の考え方に立つと、社会の中に、人々の自由の確保と促進、選択肢の拡大を推奨する仕組みがあることがきわめて重要だとわかるでしょう。

一人ひとりがより多くの現実的で可能な選択肢を持ち、それらの中から自らが自由に選ぶことができる——そういう仕組みは、放っておいて自動的に維持、達成されるものではありません。個人、組織、協会、共同体、政府、地方公共団体、企業によるチェックとバランス（抑制と均衡）が必要です。そして、時代と人々の要求に合わせた絶え間ない改善がなされなければば、腐敗してしまいます。社会が停滞し閉塞感を作り出すのです。

人々に将来の見通しを与えず、古い組織をそのままに放置していては、閉じた仕組みとなり、各所に錆《さび》のついたような社会の劣化を招くことになるでしょう。このことが、女性を置き去りにし、それが結局、男性・若者の弱体化にも拍車をかけることになっているのではないでしょうか。

経済の基盤としての人間力を育成し、開発し、豊かに実らせるための、重要な一側面が教育（ティーチング&ラーニング）です。日本の大学に、授業を中心とした大変革をすることが、経済の基盤強化につながるのです。

二〇年以上の経済の停滞と一〇年以上にわたる生産年齢人口の減少を経験している日本は、今や、明日の危機を避けるため、今日できることは今日しなければならない時に来ています。人口の動態の観点からは、今起こっていることは三十数年前にはわかっていましたし、三〇年後の状況はほぼ現在わかります。「今日しなくても」という議論には説得力がないのです。

日本の若い人々は、自立した個人のいない、空気を読み合う世間において、受け身の姿勢で育ってきました。彼らは与えられた問題を解くことはできるかもしれませんが、積極的に社会の課題に立ち向かうという態度には欠けるかもしれません。リベラルアーツでは、与えられた問題を解く能力を育てるのではなく、自ら問いを設定する能力、まさに可能力を発揮し、「なぜ」を問い続ける力、論理的に思考を進める力をつけて、自らを育て社会に貢献することを目指すのです。

問題解決能力をつけさせることを目指すというよりは、「問題発見能力」あるいは「課題探究能力」を目指し、人と協力し、粘り強く進めていくことが重要であると考えます。この認識を皆が理解している社会が温かい社会ではないでしょうか。大きな問題ほど単純な「解決」は難しいでしょう。一朝一夕に答えが見つかるものではありません。ほとんどの場合、唯一の正解が存在するのでもありません。複数の解答群の中に、それぞれ多くのもっともらしい答えがあっても不思議ではありません。

問題は「何」であり、「どこに」課題があるのかを議論し探ることのほうが、結局は解決に結び付くのです。それに向かって、頑張っている人を周りが認め、互いに切磋琢磨するグループにいる人は嬉しいものです。真実を隠したり、足を引っ張り合ったりする世間に埋没することは、決して楽しくないでしょう。人間開発に貢献しないことになるでしょう。

チャレンジ精神の旺盛な、失敗を恐れない若者を多く育てる社会を作るためには、大人がそれをやって見せなければなりません。

良い社会には、つまり活気ある経済社会の基盤には、次の三つが必須であると考えています。

①失敗してもやり直しができる。
②努力が報われる仕組みとなっている。
③現実的な選択肢が多く、誰の前にも広がっている。

多くの人が、特に若者が、将来にわたってもこれらが保証されているという見通しを持てる、そういう社会であることが必要です。そのために、わけのわからない規則や、伝統・因習を守っているだけのルールを取り払ってみてはどうでしょうか。

社会の流動性・多様性・競争は三位一体

計画経済・官僚社会よりも、自由市場経済のほうが効率が高まります。競争経済のほうが、そのほかの経済体制よりも、失業率は低く、資源は無駄なく効率的に利用されることが、理論上は保証されています。

しかし現実には、景気や物価の大きな変動はあり得ます。そして問題なのは、競争経済では、失業者、低所得者層、市場競争での敗者が固定化される傾向にあることです。さらに、病気、事故、震災、津波、火山の噴火、戦争、急速な資源の枯渇などによって、さらに大きく取り残され、無視され、誰からも相手にされない経済的弱者が各地に生じていることです。多くの場合、気候変動と資源の偏りの上に、人種の違い、宗教間の対立が背景にあります。しかし、都市住民、為政者、政治家といったグループは、自分たちの面倒を見るのに忙しいのです。経済社会の分断化と格差拡大は、あらゆる国の中で、そして世界中で見られるようになっています。

これからの日本および世界では、経済的弱者、社会的に置き去りにされている人々を大事にし、流動性と多様性のある経済社会の仕組みの中に取り込んでいくことが重要です。競争は効率を上げると同時に、大きく儲ける少数の勝者と、小さく儲けるかまたは少しだけ損をする多くの敗者を生じさせます。事故や病気や災害などの被害者、被災者を救済する仕組みは、競争市場の中にはありません。やり直しと災害からの立ち直りを支えるためには、労働市場に流動性があることが重要なのです。すべての人は、特に若者は、何回でも学校へ行って学び直し、さらに新しい技能を身につけ、本当に自分のやりたい、楽しい、面白い職種に就き直せるような仕組みが必要なのです。

しかし、流動性だけでは、固定化への動きのほうが強固になっていきます。教育機関と労働市場が密接に連携を取りつつ、新しい職能、技能の開発などを積極的に進めていくことで、固定化を防ぐことが必要です。人々の能力・技能・希望がさまざまであることを認め、多様な職種で若い人々を奮い立たせ、喜んで仕事に従事する社会を築いていきたいのです。

まさかと思われるような教育の改革が望まれているのです。中途半端な知識の伝達や表面的な訓練ではなく、人もびっくりするような、高い水準の実質的な学びを目指します。

ただ、教育・学びに関連する組織、団体の各方面からの協力が不可欠です。今こそ、大変革の機運を高め、広げていきたいものです。苦労しないで得られる技能や資格などないでしょう。

以上の議論から、人間開発を目指し、一人ひとりの人間（特に若者）を育てるのに重要なことが浮かび上がってきます。

①労働市場を柔軟にし、流動性を高める。
②一人ひとりの違いを認め、多様な人々が協力し合って社会を築いてゆく。
③経済社会では、規制や独占ではなく、幅広い「競争」を促進する仕組みを構築してゆく。

教育の大変革こそが、競争市場および社会経済の基盤となるものなのです。

希望あふれる「学びのコミュニティ」を作ろう

人を前に進めさせるのは「希望」です。将来の見通しが立たず、不安や恐れを抱きながら追い込まれて生きる人生ほどつまらないものはないでしょう。「自分もやってみたら楽しそうだ」「面白そうだ」と思えるような時間の使い方、生きざまこそ、人を、組織を、地域を活発にし、明るくするのです。

大学改革のための案を述べてきましたが、アメリカや外国の制度、用語、やり方だけを取り入れるのではいけないのです。歴史的な経緯や社会の背景の違いを無視して、用語だけを採用しても、それが機能していない例はたくさんあります。日本社会で機能する組織、独自の仕組みを考案しなければならないでしょう。各大学が独自の考えで、自由に、多様なやり方で、競争することが重要なのです。高校や中学は、大学が独自に競争するのを見て、それらの中から生徒に適した、ふさわしい大学へ子どもたちを送れば良いのです。

教育に関わるすべての人々は、その使命達成のための基本的な姿勢として、次のように考え、確認することが大事でしょう。

①教育と学習（ティーチング&ラーニング）のための共同体であること。

②知的共同体であること。つまり、知的な活動を促進し、お互いに合理性、理性を追求し、知性と感性を磨くことを惜しんではならない。

③対話を大事にし、一対一であれ、小さなグループであれ、大きな集団であれ、ほかの人々の意見を大事にする。

④個人の多様性を尊重する。

⑤この知的共同体は、学生、教員、職員、卒業生、地域の人々など、学校と教育に関心を持ち、何らかの関連を持つすべての人々を含み、この共同体に参加しようとする人を排除しない。

このコミュニティでの学び（授業を中心とした教員、学生、職員を巻き込むあらゆる活動）は、教員が行うだけではありません。学生がほかの学生に、または教員に教えることも十分あります。学びは学生だけが行うものではありません。教員も常に新しい研究、世界に触れ、新しい分野の学びをしなければならないでしょう。

人に教えることによって、自分がどこまで理解しているか、何を知らなかったかがはっきりわかります。そのような経験を繰り返すことによって、学生は自分の興味、分野、専門、広い教養との関連を意味付けることができるようになるのです。教員は常に新しい教授法を試み、研究を進め、学生を引きつけるような授業をするための工夫を考えねばならないでしょう。

柔軟なカリキュラムを組み、学生の実質的な学びを助け、興味ある授業・科目をそろえ、学びのための教育コミュニティであることを、全員が共有することが重要です。

教育の意味は、人間・社会・自然に関する真実、真理を追求するという、知的な探究心を持った人間を育てることです。知的探究の冒険は、徹底的に自由な雰囲気の中からしか生まれません。知的探究の冒険は、教員にとっても、自由で、安全でかつ楽しいものであることを示さなければなりません。そうすれば、学生も安心して冒険に乗り出せるでしょう。学校は、決して知識の伝達機関ではありません。伝達機関になり下がってはいけないのです。知識は、道具としては重要ですが、もっと大事なものがあります。

一人の人間の一生のうちで、十～二十歳代初期ぐらいで何より重要なことは、

①柔軟な頭を育てること。
②「学ぶことは楽しい」を体験すること。
③いろいろな考え方、学びの仕方、調べ方があることを知ること。

です。教師・学校の役割は、これらを通じて、学生が自分を知るのを助けることではないでしょうか。

人間の多様性は本質的な事柄です。世界中の社会で、言葉、宗教、伝統、歴史、文化はきわめて多様であり、自然界も想像できないほど多様なのです。顔、姿、興味、育ってきた環境が違うように、すべての学生はそれぞれ違った多様な個性を持っています。この多様性を根本的に認め、受け入れることによって、初めて真の意味での平等な社会が確立できるのです。

違った能力、異なった分野における違った学習意欲と態度を持った人々を、一律に同じ条件の下に強制的に扱うことは、平等ではありません。平等とは、すべての個人に対して、自身の性格、能力、意欲を自ら発見し、最大限に伸ばすための機会を提供することです。その機会を与え、個々人が自らの特徴を発見し、本人が楽しむこと、喜んで没頭する（engage）ことを見つけるための補助・支援こそが教育機関、組織、教師の役割ではないでしょうか。

学校という教育コミュニティは、日本ではこれまでかなり狭く考えられてきました。「良い大学に入れば良い就職口を得ることができる」という考えも、逆に、「象牙の塔」的な狭い考えに基づく大学の概念も、ともに消滅していかざるを得ない時代となっています。教育機関も、単に「文部科学省が言うから」「よそがやっているから」などの理由で「公開講座をやります」「国際化だから留学生を増やします」「留学制度があると学生に人気が出るので作ります」などと言っていてはいけないでしょう。

各大学が積極的に、独自に、それぞれの特徴と性格を打ち出して、運営を進めることが重要なのです。一人ひとりの学生に、知的共同体の参加者の「一人」の人間の人生に何らかの影響を与えることができる、そういうことが重要だと思います。そのとき最も大事なのは、学校・教育機関が、世界と地域をつなげる役割を果たすことです。

ここで言う地域とは、地理的な意味においてだけでなく、人々の意識のレベルにおいても、大学の存続、運営に興味と関わりを持つすべての人々をメンバーとする共同体のことです。学びのコミュニティは、卒業生や共同の研究者だけでなく、文字通り近隣の人々をも含むのです。この「知的コミュニティ」を出発点とすることによって、学校運営・教育は活力のある、時代に対応する、世界で有意なものとなるのです。

大学教育の大変革には、高校生、親、高校教員や進学カウンセラーの皆さんの、積極的なアイデア、提言が大事です。偏差値ではなく、学生を大事にする仕組みを持つ大学を選ぶことが、大学を変革に導きます。もっと「このように人間を育ててほしい」という希望を伝えてみませんか。大学からの言葉だけの空約束にさせないように。

おわりに

「資格は役に立ちますか？」このような質問をよく受けます。「『資格は、何でも良いからたくさん取っておけ、ないよりマシだよ』『資格があれば、なんとかなるよ』と先輩から言われます」学生たちはこのように言っています。

簿記、ＩＴ技能検定、英語検定、漢字検定など、〇〇検定というものも何百とありますが、資格や検定は本当にあったほうが良いのでしょうか。ないよりは、持っているほうが良いのでしょうか。

私の考えは少し違っています。今や、もうそんな時代ではありません。実は、日本でもアメリカでも、もう十数年以上も前から、社会からさまざまな職業・職種が消えてなくなっています。旅行代理業、給与計算、会計経理、編集・校正要員、ニュース分析者、法律関連事務員などは、コンピュータの発達により人が減らされています。少々の資格など何の役にも立たないのです。

では、高校や大学などで勉強した知識も、本当に役に立たないのでしょうか。そうです。役に立ちません。大学で授業をしてきた私がそう言うのですから間違いありません。社会に出て四～五年もしたら、いろんなことは役に立ちません。古い知識は陳腐化していきます。新しいソフトやハードもどんどん出てくる時代なのです。社会の変化のスピードはものすごいものです。私が四〇年前に習った経済学はもう役に立ちません。

ましてや覚えるだけの受け身の講義など、何の役にも立ちません。「試験のため」という意識で前の晩に無理矢理覚えたことは、試験が終わった瞬間にすっかり頭から抜けます。一週間経ったら、何を覚えたのか、片鱗も残っていません。嫌々ながら覚えることだけをしようとしたのですから当然です。

こういう時代だからこそ、本当に役に立つのは、自ら進んで、楽しんで勉強したことなのです。授業の中身よりも学んだという経験なのです。自分から調べて、面白さに鳥肌が立つような、心臓がぞくぞくっとするような感覚なのです。学んで、理解したという、努力をした体験なのです。

湧いてきた疑問と向き合い、調べたり、背景を探ったり、関連を見つけたり、意義を理解したりして「学んだ」経験があれば、新しい課題が出てきても、すぐに「ああ、こうすれば良いのだな」と、以前と同じようなプロセスで自然に取り組むことができます。

好奇心を持って、「なぜなのか」を探究し、関連付け、歴史を調べてみると、意外なことが発見され、次々と面白いことが見えてくるでしょう。「なるほど」「そうだったんだ」という驚きを学びの中に発見した人は、人生が楽しくなるでしょう。さらにもっと調べたくなるに違いありません。

何でも意欲を持って調べたことは、その中身自体より、一生懸命頑張ったという経験こそが将来の役に立つのです。自分から調べ、興味を持って探究したことは、何でも必ず役に立つということです。文系・理系、性別、年齢などにかかわらず、数学、物理、生物、歴史、古典、英語、何でも確実に、どんな職業に就いても、すべてが役に立つのです。絶対に無駄はありません。

学生の好奇心を満足させるように探究の導きをして、「知的探検」をさせましょう。あらゆる科目の学び（授業、準備、復習、練習、試験、宿題）などが将来の自分のために役に立つことを、学生に感じさせるのです。自ら進んでやる限り、いつか必ず面白いほど役に立つということを教えましょう。授業や宿題などは皆、知的探検をするための手段です。目的ではありません。試験の点数も手段でしかないのです。

もう一つ、ドンデン返しを差し上げます。

究極的に「役に立つ」のは、自分のためではなく、他人のためになるときです。自分が得たものを人のために使うことが最大の「役に立つ」ことなのです。学び、理解し、知識を得て、何かを身につけたなら、それを社会に還元し他人のために使うことができたとき、人は幸せを感じます。一番やりがいを得られるのです。自分が儲けるためではなく、少しでも社会を良くしようと他人のために働くことができるとき、最高の喜びがもらえるのです。

インカの王様パチャクティは、こう言っています。

「人間は、他人に差し上げることで、より豊かになるのだ」と。

他人を大事にし、仲間とのつながりを大切にすることが、結局は社会全体を豊かにするのです。自分ひとりだけが儲けようとすると、社会全体が貧しくなります。豊かさは、人が他人にどれだけ差し上げられたかで決まると言います。

二十一世紀も二〇年以上が過ぎました。ポスト・コロナの時代を見すえて、リモート授業と対面式授業の組み合わせを、二者択一ではなく、工夫してゆく新機軸のときと見てはいかがでしょうか。新しい知恵や経験の広がりと深みを学生にしっかりと身につけてもらい、これからの三〇年先、五〇年先の未来を切り開いていってもらいたいものです。教員、親、あるいは社会には、社会的課題の解決に貢献することに喜びを見出すような学生を育てる責務があります。

教育は社会の根幹です。社会を豊かに繁る大樹に見るならば、教育はその根っこでしょう。地上からは見えないでしょうが、広く深くどっしりとしていなければなりません。

最後に、本書の完成には、株式会社ＰＨＰエディターズ・グループ企画制作部の池谷秀一郎編集長のリベラルアーツへの深いご理解と、同部江川洋平さんの丁寧で周到な編集支援をいただきました。ここに記して深く感謝します。

二〇二一年二月

松井範惇

号、山口大学 大学教育機構、2006年３月。

松井範惇・池本幸生編『アジアの開発と貧困：可能力、女性のエンパワーメントとＱＯＬ』、明石書店、2006年。

松井範惇「アメリカにおける大学の運営と評価」、『大学教育』第４号、山口大学 大学教育機構、2007年３月。

松井範惇「アメリカの大学アドミッションとアドミッション・オフィサーの新しい課題」、『大学評価・学位研究』第10号、大学評価・学位授与機構、2009年12月。

松井範惇「世界から周回遅れになった日本の大学：いまや化石の大講義、少人数で教員も胸躍る授業を」、https:jbpress.ismedia.jp/articles/-/47543、2016年８月12日。

松井範惇「「奨学金」ローン地獄を作った張本人：米研究者が指摘するブランドに成り下がった大学」、https:jbpress.ismedia.jp/articles/-/47935、2016年９月21日。

松井範惇「小学生に英語を教えてはいけない５つの理由：大学入試からも英語を外した方がいい」、https:jbpress.ismedia.jp/articles/-/48387、2016年11月16日。

アキ・ロバーツ、竹内 洋『アメリカの大学の裏側：「世界最高水準」は危機にあるのか？』、朝日新書、2017年。

The Chronicle of Higher Education, "Admission & Student Aid," May 2, 2008 Supplement.
De Vise, Daniel, "ACT or SAT? More Students Answering 'All of the Above'" *Washington Post*, November 12, 2008, A01.
Fischer, Karin, "Top Colleges Admit Fewer Low-Income Students: Pell Grant data show a drop since 2004," *The Chronicle of Higher Education*, May 2, 2008, A1, A19-20.
Keller, Josh and Eric Hoover, "U. of California Adopts Sweeping Changes in Admissions Policy," *The Chronicle of Higher Education*, February 13, 2009, A33-34.
McDermott, Ann B., "Surviving Without the SAT," *The Chronicle of Higher Education*, October 10, 2008, A41.
National Association for College Admission Counseling, Report of the Commission on the Use of Standardized Tests in Undergraduate Admission, Arlington, VA, September 2008.
Perez, Angel B., "I'm Tired, and So Are You: Fro people in admissions, fall means almost nonstop travel, and it's easy to forget why the work matters," *The Chronicle of Higher Education*, November 14, 2008, A50.
Zwick, Rebecca, College Admission Testing, a NACAC commissioned report, February 2007.

参考文献

阿部公彦『史上最悪の英語政策：ウソだらけの「４技能」看板』、ひつじ書房、2017年。

石川真由美編『世界大学ランキングと知の序列化：大学評価と国際競争を問う』、京都大学学術出版会、2016年。

岩重佳治『「奨学金」地獄』、小学館新書、2017年。

隠岐さや香『文系と理系はなぜ分かれたのか』、星海社新書、2018年。

苅谷剛彦『アメリカの大学・ニッポンの大学：ＴＡ、シラバス、授業評価（グローバル化時代の大学論①)』、中公新書ラクレ、2012年。

刈谷剛彦『オックスフォードからの警鐘：グローバル化時代の大学論』、中公新書ラクレ、2017年。

佐藤郁哉『大学改革の迷走』、ちくま新書、2019年。

施 光恒『英語化は愚民化：日本の国力が地に落ちる』、集英社新書、2015年。

マーサ・C・ヌスバウム『女性と人間開発：潜在能力アプローチ』(池本幸生・田口さつき・坪井ひろみ訳)、岩波書店、2005年。

南風原朝和編『検証 迷走する英語入試：スピーキング導入と民間委託』、岩波ブックレット、2018年。

松井範惇『リベラル教育とアメリカの大学』、ふくろう出版、2004年。

松井範惇「アメリカの大学教科書」、『大学出版』No.62、日本大学出版部協会、2004年９月。

松井範惇「内側からみたアメリカの大学」８回連載、『カレッジマネジメント』、リクルート進学総研。

①「教科書と教材：多彩な教科書がなぜ次々と開発されるのか」No.126, May-June 2004.

②「シラバスの役割：良い授業はシラバスできまる」No.127, July-Aug. 2004

③「教員採用とテニュア審査：そこにかける莫大な努力を惜しまない」No.128, Sept.-Oct. 2004.

④「大学評価：現状と課題を大学全体で共有しているか、そこが問われる」No.129, Nov.-Dec. 2004.

⑤「経営トップの仕事：役割と権限が明確なそれぞれの業務」No.130, Jan.-Feb. 2004.

⑥「図書館、付随施設：専門家が運営する学生・教員のための施設運営」No.131, Mar.-Apr. 2005.

⑦「アドミッション：大学と志願者の入学に至るまでのプロセス」No.132, May-June 2005.

⑧「ポスト・グラジュエイト：明確だが極めて厳しい学位獲得までの道」No.133, July-Aug. 2005.

松井範惇「アメリカの大学教育システムは日本の大学に有用か」、『大学教育』第３

〈著者略歴〉
松井範惇（まつい　のりあつ）
1945年生まれ、経済学者
大阪大学経済学部卒業、ハワイ大学 M. A.、オハイオ州立大学 Ph. D.（経済学博士）
専門：開発経済学、国際経済学、高等教育論
教育・研究歴：アジア経済研究所、ケニヨン大学、デニスン大学、アーラム大学、京都産業大学、山口県立大学教授、山口大学教授、（独）大学評価・学位授与機構教授、帝京大学教授、帝京大学短期大学教授
単著：『リベラル教育とアメリカの大学』（ふくろう出版、2004年）など
共著：*The Chronically Poor in Rural Bangladesh* (Routledge, 2008)、*Dynamics of Poverty in Rural Bangladesh* (Springer, 2013) など
共編著：『アジアの開発と貧困』（明石書店、2006年）、『連帯経済とソーシャル・ビジネス』（明石書店、2015年）、*Solidarity Economy and Social Business* (Springer, 2015)
翻訳：スティーブン・デブロー『飢饉の理論』（東洋経済新報社、1999年）、ブラッドリー・シラー『貧困と差別の経済学』（ピアソン桐原、2010年）

アメリカの教育制度に学ぶ
大学入試・授業のリベラルアーツ革命
「学ぶ力」の引き出し方

令和３年３月12日　第１版第１刷発行

著　者　　松井範惇

発　行　　株式会社ＰＨＰエディターズ・グループ
〒135-0061　東京都江東区豊洲5-6-52
☎03-6204-2931
http://www.peg.co.jp/

印　刷
製　本　　シナノ印刷株式会社

ISBN978-4-909417-71-8